GOTTES NEUE HÄUSER

Kirchenbau des 21. Jahrhunderts in Deutschland

GOTTES NEUE HÄUSER

Kirchenbau des 21. Jahrhunderts in Deutschland

Herausgegeben von Matthias Ludwig und Reinhard Mawick

edition chrismon

ZUM GELEIT

THOMAS BEGRICH
GESCHÄFTSFÜHRER DER STIFTUNG KIBA

Der Neubau von Kirchräumen in Deutschland ist selten geworden. Knapp 3000 der 21 000 evangelischen Kirchen sind in den ersten beiden Jahrzehnten nach dem Zweiten Weltkrieg entstanden. Nahezu jedes Neubaugebiet – zumindest im Westen Deutschlands – wurde wie selbstverständlich mit einer Kirche versehen. Seither haben wir es nicht nur mit einer rückläufigen Gemeindegliederzahl zu tun – sondern auch mit einem anderen Verhalten der Menschen: Man ist mobil geworden. So stellt sich die Frage neu, wie viele Kirchen benötigt werden. Das aber kann man nicht abstrakt tun. Werden und vergehen ist zu allen Zeiten ein Zeichen lebendiger Entwicklung. Und immer ist es die Verantwortung und das Tun der Menschen am Ort, für die Zukunft zu sorgen – also auch die Frage nach der Zukunft von Kirchengebäuden zu stellen und zu entscheiden. So unterschiedlich die Kirchen im Laufe der Jahrhunderte gestaltet sind, so unterschiedlich sind die Möglichkeiten, für deren Erhalt zu sorgen. Es ist ermutigend, wie sehr sich gerade im Osten Deutschlands viele Menschen in Bürgerinitiativen und Fördervereinen trotz und wegen der hohen Lasten der Vergangenheit dafür engagieren, dass ihre Kirche im Dorf bleibt, dass ihre Kirche die Stadt ziert. Sie dabei zu unterstützen, ist das Anliegen der Stiftung KiBa, der kirchlichen Stiftung zur Bewahrung kirchlicher Baudenkmäler.

Der vorliegende Band ist darum von ganz besonderer Bedeutung: Er zeigt am Beispiel von zwanzig ganz neuen Kirchen in Deutschland, wie die Entwicklung eben auch in unserem, dem 21. Jahrhundert, weitergeht. Das in seiner Form einzigartige Buch „Gottes neue Häuser“ dokumentiert in eindringlicher Weise, dass der Kirchenbau auch heute wahre architektonische Juwelen zu schaffen vermag. So legen die Kirchenbauten in diesem Buch ein eindrucksvolles Zeugnis davon ab, dass und wie im 21. Jahrhundert Fragen der Nutzenskonzeption und der architektonischen Gestaltung neu beantwortet werden. Autobahn- und Stadionkapellen sowie neuartige gemischt genutzte Kirchenzentren und Nutzenserweiterungen sind ein Zeichen dafür, wie sich der Kirchenbau von heute versteht: Voraussetzungen zu schaffen, dass Kirche nah bei den Menschen bleiben kann. Gottes Wort allen Menschen zu verkündigen ist eine bleibende Aufgabe. Darum geht es weiter mit der Kirche und darum geht es weiter mit dem Kirchenbau.

Ihr
Thomas Begrich

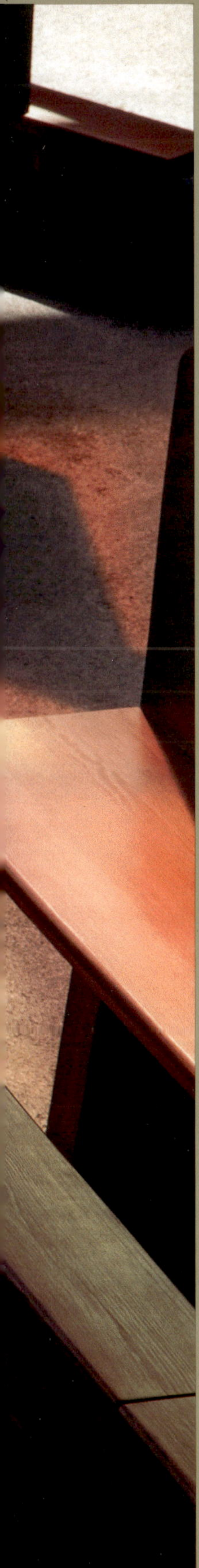

Eindrückliche wie überraschende Licht- und Farbenspiele beleben, je nach Lichteinfall, den Gottesdienstraum der neuen katholischen Kirche Christus König im sächsischen Radebeul. Sie wurde errichtet für eine in den 20er-Jahren begründete Kirchengemeinde, die bisher über keinen eigenständigen Kirchenbau verfügte. Für ihre Planung und Entwicklung verantwortlich waren die Stuttgarter Architekten Gerald Staib und Günter Behnisch. Letzterer ist unter anderem bekannt durch das Münchner Olympiastadion und den neuen Plenarsaal des Bundestags in Bonn.

VORWORT

VON NEUEN KIRCHEN IN DEUTSCHLAND

Erst wenige Jahrzehnte ist es her, da das westliche Nachkriegsdeutschland geradezu einen Boom im Kirchenbau erlebte. Bis Ende der 70er-Jahre ebbte dieses Wachstum jedoch ab. Seither ist der Neubau von Kirchen in Deutschland beinahe zur Rarität geworden. Angesichts massiven Mitgliederschwunds und sinkender Haushaltsmittel kommt es stattdessen immer häufiger zu Schließungen, Umnutzungen oder gar Abbrüchen von Kirchengebäuden.

Dennoch ist auch heute von Kirchenneubau die Rede. Dabei sind – rein zahlenmäßig betrachtet – in den letzten Jahren nur wenige neue Kirchen in Deutschland entstanden. Manche von ihnen haben aber mit aufsehenerregenden Architekturen von sich reden gemacht. So ist kirchliches Bauen – nach Jahren der Abstinenz – für Architekturzeitschriften oder die Feuilletons großer Tages- und Wochenzeitungen plötzlich wieder zum Thema geworden. Von solchen ausdrucksstarken aktuellen Neubauten berichtet nun auch dieses Buch und stellt insgesamt zwanzig deutschlandweit ausgewählte, katholisch wie evangelisch und ökumenisch verantwortete Projekte vor.

Errichtet werden neue Kirchen heute vor allem in neuen Stadtteilen und Siedlungsgebieten, als Ersatzbauten beispielsweise durch Feuer zerstörter oder baufällig gewordener Kirchengebäude oder durch konfessionelle Verschiebungen und Zuwächse in Diasporagebieten. Hinzu kommen Orte mit besonderen Herausforderungen wie zum Beispiel Gedenkstätten und das in den vergangenen Jahren stark gestiegene Bedürfnis nach Rückzugsräumen. Architekten, Gemeinden, Künstler und Kirchenleitungen reagieren auf diese Notwendigkeiten, Ansprüche und Begehren sehr verschieden. So fällt es beim Blick auf die Neubauten dieser Tage schwer, architektonisch und künstlerisch wie theologisch und liturgisch von einer klaren Linie zu sprechen, wie dies vielleicht in den 50er- und 60er-Jahren der Fall war.

Stattdessen zeigen die neuen Kirchen in Form, Gestalt und Material große Vielfalt und zeichnen sich durch ihre Individualität aus. So treten keineswegs nur Glas, Stahl und Beton auf – gleichermaßen sind Holz, Lehm und Backstein in Gebrauch. Ebenso ist nicht nur von Kreuz, Rechteck oder Kreis die Rede, vielmehr tauchen auch Ellipse, Quadrat oder gar Dreieck als Grundrisse auf. Kirchenfenster, aber auch ganze Innen- und Außenwände leuchten farbenfroh, dann wieder sind Beton, Holz und Stahl roh belassen worden. Häufig zu beobachten ist das Spiel mit Licht. Und auffällig ist, dass evangelische Kirchenräume eher kleiner und oft einfacher, schlichter und spartanischer gehalten sind. Dabei wirken die neuen evangelischen Bauten keinesfalls weniger eindrücklich.

Könnte man hier vielleicht von einer sympathischen protestantischen Bescheidenheit sprechen, scheint man auf katholischer Seite hinsichtlich der Liturgie experimentierfreudiger zu sein. So ist in den katholischen Neubauten die ganze Spannbreite der liturgischen Entwicklungen der letzten Jahrzehnte zu sehen – von der längsgerichteten „Wegkirche" bis zum „bipolaren", ellipsenförmig eingerichteten „Communio-Raum". Offen erscheint das Thema Ökumene: Vier der hier vorgestellten Bauten werden ökumenisch verantwortet. Die Räume ermöglichen die friedliche, aber doch klar getrennte Koexistenz bis zur Perspektive, sich im Großraum gemeinsam versammeln zu können.

Die Auswahl der zwanzig in dieser Publikation gezeigten Projekte verlief unter folgenden Gesichtspunkten: Nach einem Überblick über das kirchliche Neubauschaffen der letzten zehn Jahre wurde um das Jahr 2000 eine Grenze gezogen – der Band sollte vor allem Bauten des begonnenen 21. Jahrhunderts vorführen. Aus ökumenischen Gründen ging das Bestreben dahin, gleich viele evangelische wie katholische Bauten vorzustellen – und auch einige ökumenische Projekte. Wichtig waren schließlich geografisch-regionale Ausgewogenheit und der Gedanke, möglichst viele Architekten/-innen und Künstler/-innen und damit die Vielfalt ihrer Ideen, Gedanken und Umsetzungen zu zeigen. So wurde es vermieden, zwei Projekte aus einer Hand vorzustellen.

Vor diesem Hintergrund musste auf eine Reihe weiterer, ebenfalls interessanter Bauprojekte verzichtet werden. Hierzu zählen zum Beispiel die katholischen Kirchen Herz-Jesu in Völklingen-Ludweiler, St. Theodor in Köln-Vingst und St. Johannes in Leopoldshöhe, die Kirche St. Thomas von Aquin der Katholischen Akademie in Berlin oder – evangelischerseits – die Pauluskirche in Köln-Porz-Zündorf, die geplante Kapelle für Lan-

Keineswegs unumstritten sind die massiven, expressiv geneigten und gefalteten Sichtbetonfassaden des neuen ökumenischen Kirchenzentrums in Freiburg-Rieselfeld. Dieses entstand auf einer zentral gelegenen Fläche im seit Mitte der 90er-Jahre wachsenden Neubaustadtteil. Auf der Basis eines gewonnenen Wettbewerbs waren für dessen Planung und Entwicklung die Kölner Architekten und Stadtplaner kister scheithauer gross verantwortlich. Von diesen stammt, neben vielen anderen Projekten, auch die 2003 fertiggestellte evangelische Pauluskirche in Köln-Porz-Zündorf.

Drei große stählerne Türen ermöglichen die unmittelbare Verbindung zwischen Kirchenraum und außen liegendem Veranstaltungs- und Erschließungshof des Christus-Pavillons der EXPO 2000. Von vornherein umsetzbar entwickelt, wurde dieser nach Ende der Weltausstellung in das thüringische Kloster Volkenroda verbracht und dort neu aufgestellt. Geplant wurde der Bau von den weit über Deutschland hinaus mit zahlreichen Großbauten – wie beispielsweise dem Flughafen Berlin-Tegel oder dem neuen Berliner Hauptbahnhof – bekannt gewordenen Hamburger Architekten von Gerkan, Marg und Partner.

genseifen im Taunus und die beiden Segenskirchen in Aschheim und Holzkirchen bei München. Auch manche Gemeindehausneubauten hätten gezeigt werden müssen – und mehr noch gilt dies für die immer zahlreicher entstehenden neuen Kapellen und „Räume der Stille" an Orten wie Krankenhäusern, Autobahnraststätten, Fußballstadien etc.

Überhaupt fiel im Verlauf der Vorarbeiten zu diesem Band auf, dass in den letzten Jahren – auf das gesamte kirchliche Bauen in Deutschland bezogen – doch mehr Neues errichtet wurde als erwartet. Hinzu kommen zahlreiche grundlegende Restaurierungen sowie etliche höchst anspruchsvolle Um- und Neugestaltungen vorhandener Kirchenbauten. Besonders hervorzuheben ist dabei die Wiederherstellung zahlreicher Kirchengebäude in den neuen Bundesländern seit der Wende. Manche fiel – wie vor allem der Wiederaufbau der Dresdener Frauenkirche – freilich so umfangreich aus, dass diese streng genommen auch zu den aktuellen Neubauten zu zählen wären.

Gegliedert wurde der Band im Wesentlichen nach geografischen Gesichtspunkten – in der Art eines Atlanten. So beginnt die Reise durch Deutschlands aktuellen Kirchenbau auf der Insel Sylt: St. Christophorus, die neue katholische Kirche von Westerland, Ersatzbau für eine baufällige Vorgängerin, steht mit dem hier realisierten „Ellipsenmodell" für ein innovatives liturgisches Konzept. Weit bescheidener erscheint dagegen das mit Findlingen verkleidete, ursprünglich ökumenisch genutzte Gemeindehaus FesteBurg in Hamburgs jungem Stadtteil Neu-Allermöhe-West. Einen wichtigen Beitrag zum ökologischen Bauen liefert sodann die wesentlich aus Holz erstellte evangelische Eine-Welt-Kirche in Schneverdingen.

Weiter führt der Weg zu drei höchst unterschiedlichen Projekten in Berlin. Die neue evangelische Kirche zu Wartenberg entstand in völliger kirchlicher Diaspora – in einem zu späten DDR-Zeiten errichteten großen Neubauviertel Ostberlins. Dagegen wurde der Lehmbau der eindrücklich spartanischen evangelischen Kapelle der Versöhnung an einer Nahtstelle zwischen Ost und West erbaut – auf dem einstigen Mauerstreifen, am Ort ihres 1985 gesprengten Vorgängerbaus. St. Canisius in Charlottenburg schließlich wurde als Nachfolgebau einer durch Brand zerstörten, architektonisch ambitionierten katholischen Kirche der 50er-Jahre erstellt.

Das neue evangelische Kirchenzentrum in Hannover-Kronsberg entstand als Gemeinschaftsanlage für Kirche und Wohnen im in Nachbarschaft von Messegelände und EXPO 2000 errichteten neuen Stadtteil. Noch weit ungewöhnlicher ist die Kapelle der Veltins-Arena in Gelsenkirchen, die als Deutschlands erster ökumenisch verantworteter Kirchenraum in einem Stadion auf Betreiben des Vereinsvorstands des FC

Schalke 04 geschaffen wurde. Ein „Kloster auf Zeit" kann man dagegen im Haus der Stille in Meschede erleben, betreut von Benediktinern der dortigen Abtei Königsmünster.

Von klösterlicher Atmosphäre umgeben ist nun auch der Christus-Pavillon der EXPO 2000, der in den von der ökumenisch orientierten Jesus-Bruderschaft Gnadenthal betriebenen Wiederaufbau des Klosters Volkenroda in Thüringen integriert wurde. Ebenfalls in den neuen Bundesländern entstand schließlich der ungewöhnliche, da auf dreieckigem Grundriss erstellte Neubau der katholischen Kirche Christus König in Radebeul bei Dresden.

Kirchenbau in einem Neubaustadtteil wiederum repräsentiert die nicht nur farblich eigenwillige katholische Kirche St. Katharina von Siena in Köln-Blumenberg. Fährt man dann die Autobahn A 3 von Köln in Richtung Frankfurt am Main, gelangt man kurz vor dem Wiesbadener Kreuz zur evangelischen Autobahnkirche an der Rastanlage Medenbach – eine von mittlerweile gut 30 Kirchen und Kapellen am Rande von Deutschlands Autobahnen. In Frankfurts nördlichstem Stadtteil, Nieder-Erlenbach, findet sich endlich das neue katholische Gemeindezentrum Jesus Christus – Der Gute Hirte, errichtet als Nachfolgebau einer 1962 aus einer Scheune entstandenen, baufällig gewordenen Kirche.

Die evangelische Auferstehungskirche in Speyer wurde dagegen als Erweiterung eines bestehenden Gemeindezentrums erstellt, sie steht für die Tendenz, Mehrzweckbauten der 60er- und 70er-Jahre durch Umbau und/oder Erweiterung zu „sakralisieren". Eine neue Kirche im neuen Stadtteil ist dann wieder das Thema des katholischen Pfarrzentrums St. Franziskus in Regensburg-Burgweinting, wo man neben der alten Dorfkirche einen technisch raffinierten Bau mit überraschenden Lichteffekten errichtet hat. Und in der auf dem alten Münchner Flughafen im Bau befindlichen Messestadt Riem entstanden nebeneinander, aber in einem gemeinsamen Baukomplex Gemeindezentren der evangelischen und der katholischen Kirche.

Am Ort einer durch Brand vernichteten Vorgängerin erbaute man die katholische Pfarrkirche Herz Jesu in München-Neuhausen – mit einer auffälligen, blau verglasten Eingangsfassade, die sich fast in vollem Umfang öffnen lässt. Vergleichsweise bescheiden und einfach mutet dagegen die nur mit Farbe und Licht neu gestaltete evangelische Kapelle im Münchner Klinikum Harlaching an. Den Schlusspunkt des Bandes setzt das ökumenische Kirchenzentrum in Freiburg-Rieselfeld, wo für den neuen Stadtteil eine technisch aufwendige Anlage entstand, die es ermöglicht, Gottesdienste konfessionell getrennt in separierten Räumen oder in einem Großraum ökumenisch gemeinsam zu feiern.

MATTHIAS LUDWIG

Mit kleinen Kreuzen versehen, wurden die ansonsten glatten und scharfkantigen Sichtbetonfassaden der neuen Kirche St. Canisius in Berlin-Charlottenburg künstlerisch gestaltet. Nahe dem Lietzensee entstand diese am Ort eines durch Brand zerstörten, architektonisch bedeutenden Vorgängerbaus aus den 50er-Jahren, damals errichtet nach Plänen des Architekten Reinhard Hofbauer. Der Neubau mit seinem eindrücklichen wie eigentümlichen „Offenen Raum" wurde nun nach den Planungen der Berliner Architekten Büttner Neumann Braun erstellt.

STANDORT: Elisabethstraße 23, Westerland/Sylt
PLANUNGS- UND BAUZEIT: 1995 – 2000
ARCHITEKT: Dieter G. Baumewerd, Münster/Westf.
BAULEITUNG: Hansen & Schlums, Westerland
STATIK: Gantert + Wiemeler Ingenieurplanung, Münster/Westf.
KÜNSTLER: Wilhelm Gies, Köln
KONFESSION: römisch-katholisch
WEB: www.christophorus-sylt.de

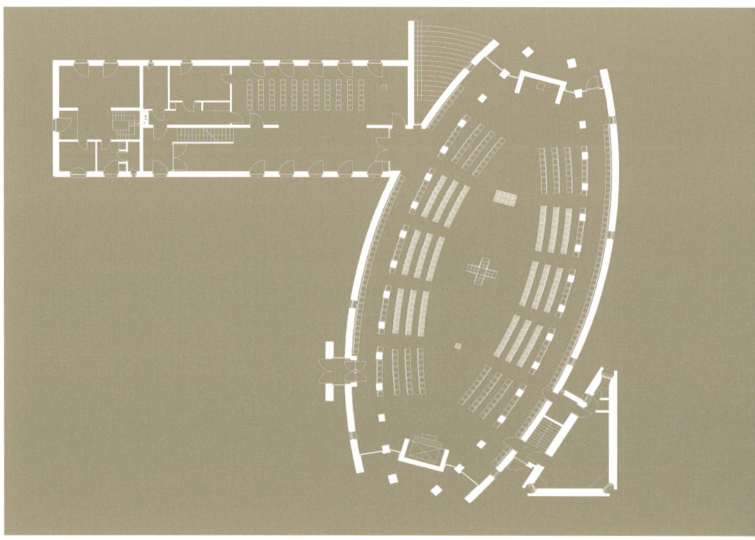

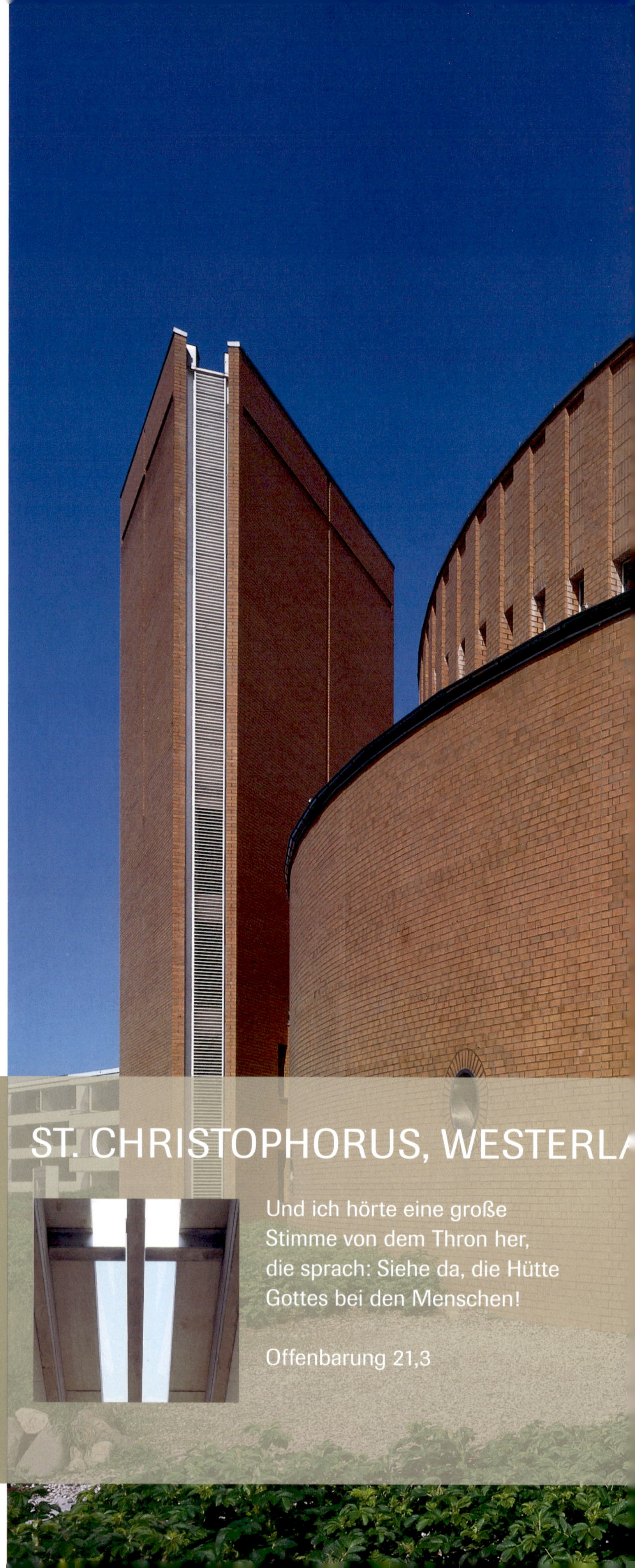

ST. CHRISTOPHORUS, WESTERLA

Und ich hörte eine große
Stimme von dem Thron her,
die sprach: Siehe da, die Hütte
Gottes bei den Menschen!

Offenbarung 21,3

D/SYLT

Höchst ungewöhnlich gestaltet sich schon das Äußere der nur rund 300 Meter von der Nordsee entfernt stehenden neuen katholischen Pfarrkirche von Westerland auf Sylt. Links erhebt sich – auf dreieckigem Grundriss – der Turm mit Sakristei und „Turmzimmer", in der Mitte das ellipsenförmig geschwungene Kirchenschiff und rechts das Gemeindehaus.

Außergewöhnlich auch der Innenraum mit einer „bipolaren" Anordnung von Altar und Ambo, um die sich die Gemeinde versammelt. In die Mitte des Raumes wurde die Taufe in Gestalt eines großen Kreuzes eingelassen. In der Seitenansicht des Kirchenschiffs fällt der Blick auf die kleinen Bullaugenfenster. Sie wurden mit Scheiben von Emil Wachter aus der alten Kirche gestaltet.

Mit der wachsenden Bedeutung der Insel als Seebad entstand die erste katholische Kirche Sylts nach der Reformation. 1896 wurde die Herz-Jesu-Kirche im heutigen Zentrum von Westerland eingeweiht. Zu klein geworden, wurde sie 1957 durch die neue Pfarrkirche St. Christophorus abgelöst. Bereits dieser Vorgängerbau zeichnete sich durch eine eigenwillige Architektur aus. Namhafte Künstler hatten Kirchenraum sowie liturgische Orte und Geräte gestaltet. In den 80er-Jahren zeigte der Bau jedoch so große Bauschäden, dass man sich zum Abriss entschloss.

In der Nachfolge entstand ab 1997 ein architektonisch wie liturgisch ungewöhnlicher Neubau. Im Frühjahr 2000 eingeweiht, zeigt er außen die Form eines Schiffes und setzt innen ein Ellipsenmodell um, bei dem sich die Gemeinde um Ambo und Altar versammelt. Zwischen diesen wurde im Zentrum des Kirchenschiffs das Taufbecken in den Boden eingelassen. Es ermöglicht die Ganzkörpertaufe.

Der gemäß der vom II. Vatikanischen Konzil geforderten „tätigen Teilnahme" umgesetzte, liturgisch innovative Bau wird seit seiner Fertigstellung vielfältig diskutiert, publizistisch begleitet und von der 1800 Glieder zählenden Gemeinde und zahlreichen Urlaubern erprobt. Seit 2006 wird der Kirchenraum durch Wilhelm Gies künstlerisch gestaltet. Dabei wurden die beiden Konchen blau gestrichen und von ihm entworfene Prinzipalien – Ambo, Altar, Tabernakel und Sedilien – aufgestellt. Eine Orgel und eine neue Bestuhlung werden den Bau vollenden. Das Geläut wie die Glasscheiben in den Bullaugen und ein Madonnenbild – beides von Emil Wachter – wurden vom Vorgängerbau übernommen.

STANDORT: Otto-Grot-Str. 84–88, Hamburg, Neu-Allermöhe-West
PLANUNGS- UND BAUZEIT: 1996 – 2001
ARCHITEKTIN: Christine Edmaier, Berlin, mit Barbara Koller (Projektleitung)
MITARBEIT: Alexander Bürkle, Sebastian Lange, Dana Lorenz
TRAGWERK: Weber • Poll, Ingenieurbüro für Bauwesen, Hamburg
BAUHERR: Kirchenkreis Alt-Hamburg
KONFESSION: evangelisch-lutherisch
WEB: www.festeburg.de

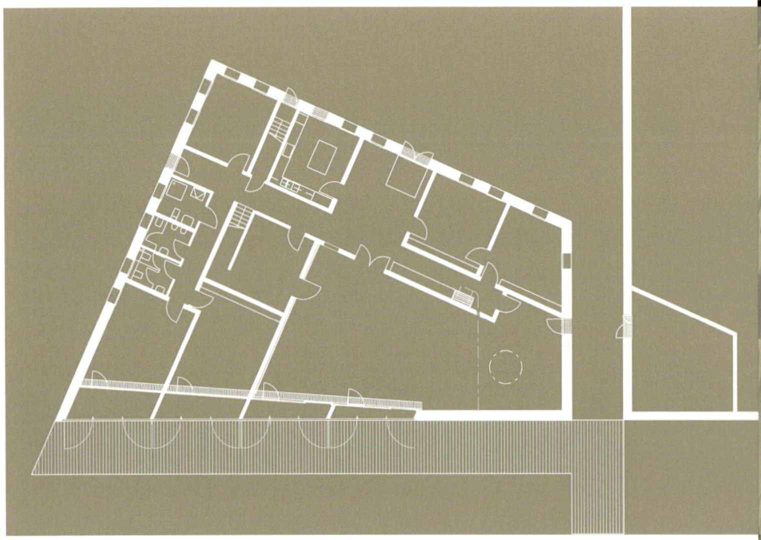

GEMEINDEHAUS FESTEBURG,

Israel hoffe auf den Herrn, denn bei dem Herrn ist die Gnade und viel Erlösung bei ihm.

Psalm 130,7

MBURG, NEU-ALLERMÖHE

Nach Süden, zu einem kleinen See hin, öffnet sich das Gemeindehaus FesteBurg mit einer hohen Glasfassade. Terrasse und Steg sorgen hier für eine geradezu idyllische Atmosphäre: Wasser ist im gesamten Stadtteil ein verbindendes Element. So wird das auf Schwemmland der Elbe gegründete Neu-Allermöhe von mehreren breiten Entwässerungskanälen durchzogen.

Ab den frühen 80er-Jahren entstand im Südosten Hamburgs in zwei großen Bauabschnitten das große Neubaugebiet Neu-Allermöhe. Dabei begann dessen Entwicklung mit dem östlichen Siedlungsteil, der dann auch je einen katholischen und einen evangelisch-lutherischen Kirchenbau erhielt. Zu Beginn des neuen Jahrtausends errichtete man dann im jüngeren, westlichen Siedlungsabschnitt ein an diese Kirchen angebundenes ökumenisches Gemeindezentrum, nachdem man die Gemeindearbeit in Neu-Allermöhe-West ab 1995 zunächst in einem geschenkten Bauwagen aufgenommen hatte. Der neue Gemeindemittelpunkt entstand nun am Rande einer zentralen Grünfläche, auf die der zweiteilige, auf polygonalem Grundriss entwickelte Baukörper vielfältig Bezug nimmt. So steigt seine Dachkante von Osten her aus dem Boden bis auf zwei Geschosse im Westen an. Die Dachflächen des Betonbaus wurden mit Gras überdeckt und die Außenfassaden – auch in Anknüpfung an norddeutsche Kirchenbautraditionen – mit Findlingen verkleidet. Technisch geschah dies mittels vorgehängter Fertigteile, in die zur Hälfte Feldsteine aus der Region eingelassen wurden. Tief schneiden sich dementsprechend die Fensterlaibungen an der West- und Nordseite des Bauwerkes in die gut 60 Zentimeter starken Außenwände der Anlage ein.

Entsprechend deutlich hebt sich so der Bau von den drei- bis viergeschossigen, weithin von Backstein geprägten Wohnbau

Die Dachkante des zweiteiligen Baukörpers mit seinen trutzigen Feldsteinfassaden fällt nach Osten hin bis ins Erdreich ab. Hinter der Glasfront im vorderen Bauteil liegt der Gemeindesaal, der gen Osten auf den Altarbereich zuläuft.

zeilen im Stadtteil ab. Dabei wirkt das Gebäude bescheiden, eher zurückgezogen, aber klar andersartig und keineswegs unscheinbar. Als einziges äußeres Zeichen für seine Bestimmung wurde im Durchgang zwischen den beiden Bauteilen die Kirchenglocke aufgehängt. Im Kontrast zum aufwendig durchgearbeiteten Außenbau steht der sparsame Innenausbau – mit Foyer, Gemeindesaal, Büros, Gruppenräumen und Pastorenwohnung. Der als Gemeindesaal genutzte Hauptraum verjüngt sich bei gleichzeitig fallender Decke nach Osten hin zum Altarbereich. Dieser gewinnt durch eine geschickte Lichtführung von der Seite und von oben – über eine Lichtkuppel – einen herausgehobenen Charakter. Eine verschiebbare Wand ermöglicht es, ihn auch separat zu nutzen.

Das Entstehen des Gemeindehauses FesteBurg wurde von den Stadtteilbewohnern durch viele Anregungen unterstützt. Seit seiner Einweihungwürde es mit vielfältigen Angeboten für die junge Quartiersbevölkerung genutzt, allerdings bereiteten jüngste Entwicklungen Sorgen. So beendete die katholische Seite aus Kostengründen Ende 2005 die ökumenische Nutzungskooperation. Zunächst konnte die 2004 zu einer größeren Einheit fusionierte evangelische Muttergemeinde die Finanzierung allein nicht tragen. Doch inzwischen scheint das Problem gelöst. Man holte sich Teilmieter ins Haus, die die Räume zeitweise nutzen. Der Haushalt 2006 der Gemeinde war weitgehend ausgeglichen, der für die Integration wichtige Bau kann weiter besucht werden.

Vielseitig verwendbar ist der Gemeindesaal, dem noch ein Emporenraum – im Bild rechts hinter dem Schiebefenster – hinzugefügt werden kann. Zwischen der inneren und äußeren Verglasung der Südfassade befindet sich ein Wintergarten.

STANDORT: Heberer Straße/Ernst-Dax-Straße, Schneverdingen
BAUZEIT: 1999 – 2000
ARCHITEKT: Lothar Tabery, Bremervörde
STATIK: IEZ Natterer GmbH, Wiesenfelden
KÜNSTLERIN: Marianne Greve, Hamburg
BAUHERR: Ev.-luth. Markus-Kirchengemeinde Schneverdingen
KONFESSION: evangelisch-lutherisch
WEB: www.eine-welt-kirche.de

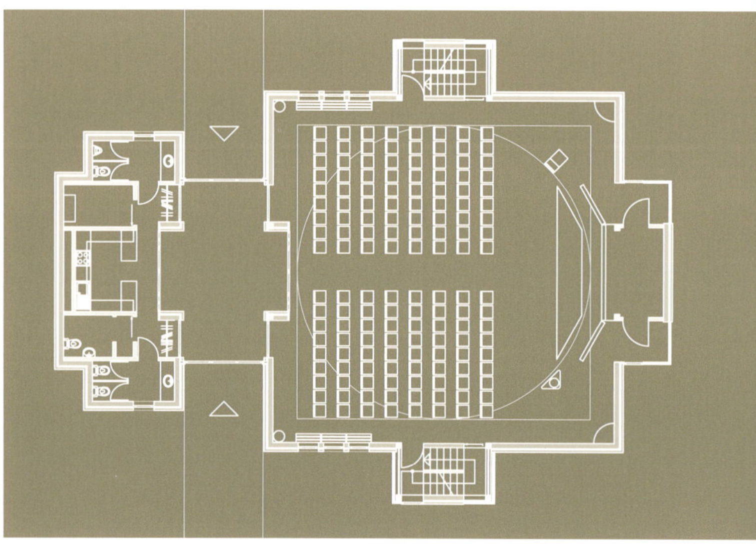

EINE-WELT-KIRCHE, SCHNEVER

Herr, wie sind deine Werke
so groß und viel! Du hast sie alle
weise geordnet, und die Erde
ist voll deiner Güter.

Psalm 104,24

NGEN

Die Eine-Welt-Kirche in Schneverdingen entstand im Rahmen eines Projektes zur EXPO 2000 in Hannover. Ihr Innenraum wird besonders geprägt durch den „Eine-Erde-Altar“. In diesem können bis zu 7000 Erdproben mittels transparenter Behälter in Buchform ausgestellt werden. So sollen ihn Erden aus der eigenen Gemeinde vereint mit Erden aus allen Teilen der Welt füllen.

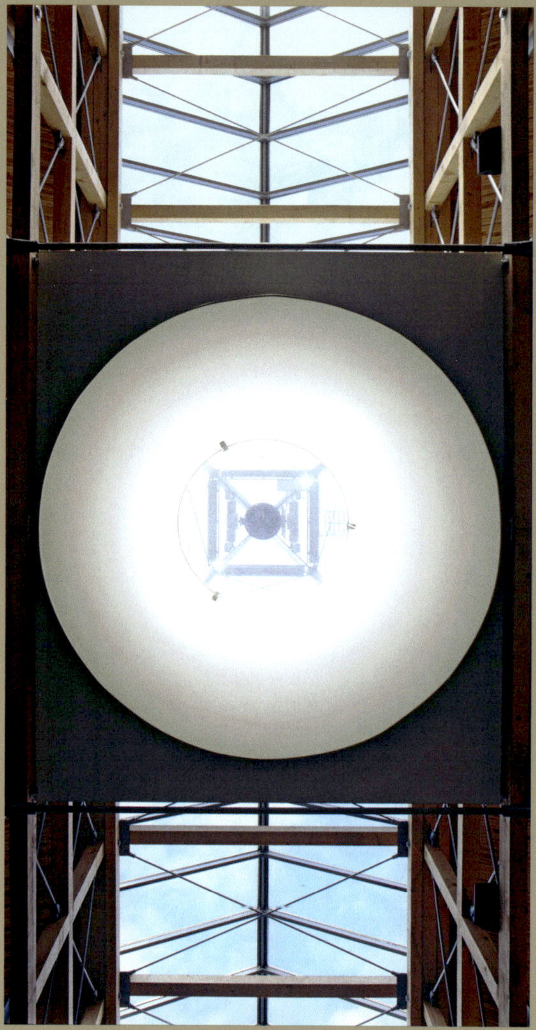

Von der Orgelempore aus sieht man in den durch verschiebbare Wandelemente veränderbaren und so für Gottesdienste und eine vielfältige Gemeindearbeit nutzbaren Hauptraum. Aus dem Kirchenraum nach oben wandert der Blick zum Glockenturm. Die den Raum schließende Lichtkuppel bringt Helligkeit und kann gleichzeitig zur Lüftung geöffnet werden. Ein alter Fußweg wurde überbaut, er verläuft nun durch das Kirchengebäude. Bei großen Veranstaltungen kann der Durchgang geschlossen und der Kirchenraum so erweitert werden.

Schneverdingen ist eine Stadt in der Lüneburger Heide. In den frühen 60er-Jahren erwarb die dortige evangelisch-lutherische Kirchengemeinde Peter und Paul im wachsenden östlichen Siedlungsgebiet der Stadt ein Baugelände. Bis 1967 entstand darauf ein Pfarrhaus, ein Jahr später folgte ein Gemeindehaus, 1991 schließlich ein Kindergarten. Mit dem Jahr 1994 wurde dieser Gemeindeteil als Markus-Kirchengemeinde eigenständig. Heute leben im umliegenden Stadtteil, geprägt von Einfamilienhäusern mit Gärten, etwa 3500 Menschen. Gut drei Viertel von ihnen gehören zur Gemeinde. Viele kamen als Flüchtlinge und Heimatvertriebene nach Schneverdingen.

Als letzter Baustein zum Mittelpunkt der jungen Kirchengemeinde wurde um die Jahrtausendwende die Eine-Welt-Kirche errichtet. Sie entstand zu wesentlichen Teilen aus Holz, der Baukörper basiert auf den geometrischen Formen Kreis, Quadrat und Kreuz. Das tragende Balkenwerk wurde aus Fichtenholz mit Stahlverspannungen errichtet. Wände und Dach entstanden

außen aus Eichen-, innen aus Kiefernholz. Dabei erstellte man die Wände in Brettstapeltechnik; die Turmspitze wurde aus Kiefernstämmen gebildet.

Im Zuge der Errichtung fügte man die aus Baumstämmen geschnittenen Bretter und Bohlen zu Wandelementen zusammen, setzte diese mit einem Kran in senkrechter Aufstellung in das Holzrahmengerüst ein und verband sie zu einer geschlossenen Wand. Das Holz für den Kirchenbau entstammte notwendigen Durchforstungen in heimischen Wäldern. Die Umsetzung dieses außergewöhnlichen Gebäudes war durch dessen Einbettung in das regionale EXPO-Projekt „Weltforum Wald" vorgegeben.

Doch entstand hier nicht nur ein wichtiger Beitrag zum ökologischen Bauen, vielmehr ist die Kirche mit ihren großen Glasflächen für vielfältige Nutzungsmöglichkeiten offen. Diese Offenheit wird erweitert durch den im Kirchenraum aufgestellten „Eine-Erde-Altar", der Spender aus aller Welt einlädt, Erde, die ihnen etwas bedeutet, herzubringen.

STANDORT: Falkenberger Chaussee 93, Berlin-Wartenberg
PLANUNGS- UND BAUZEIT: 1998 – 2000
ARCHITEKT: Meyer, Ernst und Partner (MEP international), Berlin
KÜNSTLER: Anna-Franziska Schwarzbach, Helge Warme, Berlin
KONFESSION: evangelisch
WEB: www.kirche-berlin-wartenberg.de

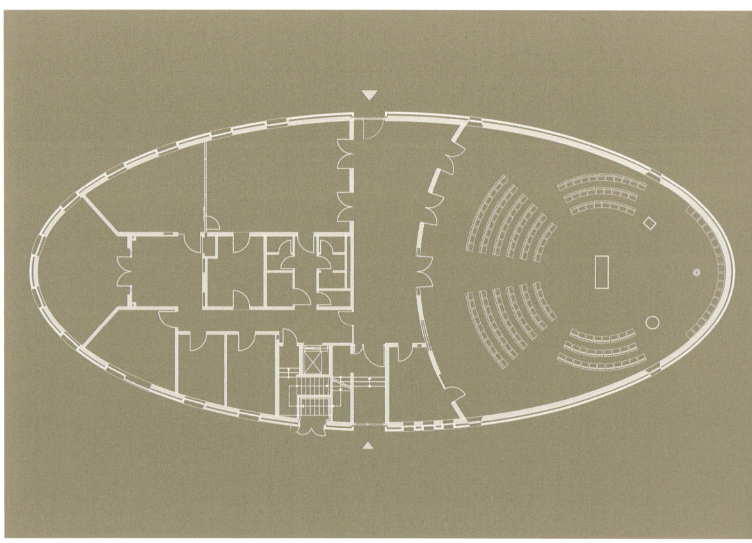

EV. KIRCHE, BERLIN-WARTENB

Fürchte dich nicht, denn ich
habe dich erlöst; ich habe dich
bei deinem Namen gerufen;
du bist mein!

Jesaja 43,1

G

Der Kirchenraum der neuen Kirche zu Wartenberg wird geprägt vom elliptischen Grundriss des Gesamtbaus. Bei einer Länge von 19 Metern und einer Höhe von 11,5 Metern umfasst er jedoch nur einen Teilbereich von diesem um den östlichen Brennpunkt der Ellipse. Im Zentrum des Raumes wurde der Altar angeordnet. Ihn gestaltete, wie Kanzel und Taufe, Anna-Franziska Schwarzbach.

Unterhalb der nach innen gewölbten Decke des Kirchenraumes verläuft ein breites Lichtband. Die vier schmalen, rund 10 Meter hohen Fenster gestaltete der Künstler Helge Warme in abstrakter Weise mit Buntglasscheiben. Sie sind geprägt von erdigen Farben und Blautönen. Im Raum wirken die Fenster wie leuchtende Säulen, die das helle, zwischen Wand und Decke umlaufende Lichtband zu tragen scheinen. Kreuz und Taufbecken wurden wie Altar und Kanzel in schwarz brüniertem Eisenguss ausgeführt. Sie erinnern damit auch an die große Tradition des Berliner Eisenkunstgusses.

Die Decke des Kirchenraumes wurde als in den Raum gewölbte, anderthalb Meter tiefe Trockenbaukonstruktion ausgeführt. Ihr tiefster Punkt liegt über dem Altar. Sie wird gerahmt von dem waagerecht umlaufenden Fensterband, dessen Lichteinfall sie reflektiert – und so zur hellen, warmen Atmosphäre des schlichten Gottesdienstraumes beiträgt.

Kurz vor Ende des Zweiten Weltkrieges verloren die drei Ortsteile Wartenberg, Falkenberg und Malchow im Nordosten Berlins ihre alten Dorfkirchen. Sie wurden von der deutschen Wehrmacht gesprengt. Danach lebten ihre Gemeinden über 50 Jahre im Provisorium. Erst nach der Wende wurde der Bau einer neuen Kirche für Wartenberg und Falkenberg möglich, zwischen denen in den 80er-Jahren ein Neubaugebiet mit rund 40 000 Einwohnern entstanden war. Dieser wurde in intensiver Zusammenarbeit zwischen Architekt, Künstlern und Gemeinde entwickelt. Dabei galt es, sich dem städtebaulichen Gegenüber mit Hochhäusern, Grünflächen und Straßen zu stellen und zugleich eine Kirche mit integriertem Gemeindehaus zu planen. Der Architekt wählte hierfür einen ellipsenförmigen Grundriss, um dessen Brennpunkte er im Westen das Gemeindehaus, im Osten den Gottesdienstraum legte. So entstand ein etwa 45 Meter langer elliptischer Baukörper, der in der Querachse durch ein offenes Foyer in Gottesdienst- und Gemeindebereich geteilt wird.

Tritt der Besucher in dieses Foyer ein, begegnen ihm hier mit historischen Grabtafeln der Familie von

Die neue Kirche steht inmitten einer weitläufigen Stadtlandschaft mit Plattenbaustruktur. Ihre Außenhaut zeigt eine helle, von Orange nach Rot hin changierende Backsteinschale, die eine Betonstruktur umkleidet. Die innere Dreiteilung des Gebäudes in Kirchenraum, Foyer und Gemeindehaus ist außen an den Fensterzonen klar ablesbar.

Humboldt, der Kirchenfahne der Falkenberger Kirche sowie Konsolsteinen und Bildern der Wartenberger Kirche Geschichte und Tradition. Hinter großen Holztüren öffnet sich nach Osten der Kirchenraum mit seinen 140 Plätzen. In diesem sind Taufe und Kanzel jenseits des zentral aufgestellten Altars angeordnet und fassen diesen, mit der losen Bestuhlung korrespondierend, ein. Gestaltet von der Künstlerin Anna-Franziska Schwarzbach, thematisieren die Figuren unter der gläsernen Altarmensa Lebensalter und Geschlechterverhältnis, Schöpfung und Vergehen. Die Kanzel zeigt unter anderem den Friedensgruß des Engels an die Hirten auf dem Felde. Die Taufe vergegenwärtigt verschiedene biblische Geschichten, zum Beispiel die Befreiung des Petrus aus dem Gefängnis und die Fußwaschung.

Auf der anderen Seite des Foyers, im Westteil des Kirchenbaus, wurden auf drei Geschossen Gemeinderäume, Büros, Jugendbereiche, Gästezimmer, eine Wohnung und eine Dachterrasse eingerichtet. Für die Sakristei gestaltete Helge Warme Fenster, die an die drei zerstörten Dorfkirchen im Einzugsgebiet des neuen Kirchengebäudes erinnern.

Zwischen dem 22,5 Meter hohen, frei stehenden Glockenturm an der Nordseite und dem Kirchenbau führt der Weg zu dessen Eingangsbereich. Hier markieren großzügige Glasflächen die Fuge zwischen Gottesdienstraum im Osten und Gemeindebereich im Westen. Der eigentliche Kirchenraum ist dann durch vier schmale hohe Fenster – je zwei auf der nördlichen und auf der südlichen Seite – und die im Inneren als Lichtband erscheinende Dachlaterne gekennzeichnet. Die sich auf bis zu drei Geschosse verteilenden Fenster im westlichen Teil zeigen dagegen den Bereich des Gemeindehauses an.

STANDORT: Bernauer Straße 4, Berlin
PLANUNGS- UND BAUZEIT: 1996 – 2000
ARCHITEKTEN: Rudolf Reitermann / Peter Sassenroth, Berlin
MITARBEITERIN: Cathrin Urbanck
TRAGWERK: Pichler Ingenieure, Berlin
LEHMBAU: Martin Rauch (Lehm Ton Erde, Baukunst GmbH), Schlins / Österreich
KÜNSTLER: Chavarsh Khachatryan, Berlin
BAUHERR: Evangelische Versöhnungsgemeinde, Berlin
KONFESSION: evangelisch
WEB: www.kapelle-versoehnung.de

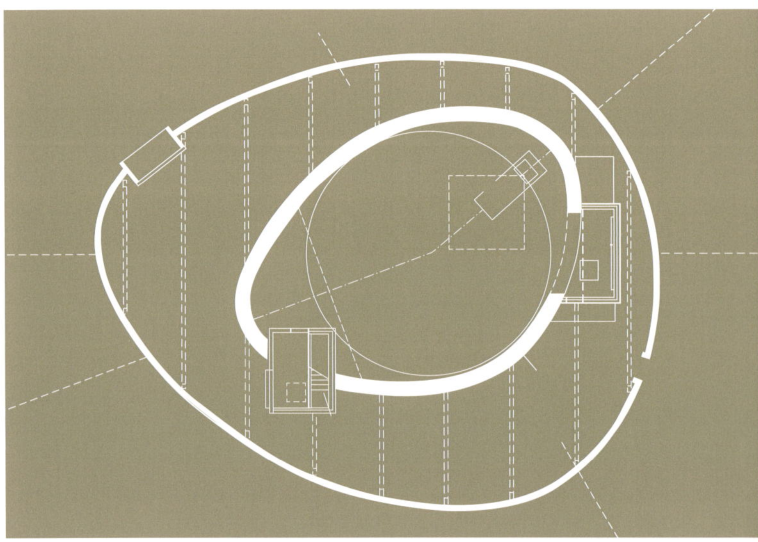

KAPELLE DER VERSÖHNUNG, BE

Wenn der Herr die Gefangenen Zions erlösen wird, so werden wir sein wie die Träumenden. Dann wird unser Mund voll Lachens und unsre Zunge voll Rühmens sein.

Psalm 126,1.2

N

Die neue Kapelle an der Bernauer Straße zeigt im Inneren Reste der Ausstattung ihres 1985 gesprengten Vorgängerbaus. Dazu gehört vor allem der Altaraufbau, aufgestellt in einer an der Mittelachse der alten Kirche orientierten Wandnische. Durch ein Fenster im Boden dieser Nische ist der Kellereingang des früheren Baus sichtbar. Dagegen wurde der neue Altar streng in der Ostung des Neubaus platziert.

Ein ovaler Kern aus Stampflehm bildet das Innere der Kapelle. Nach außen wird dieses von einer in leichter Holzbauweise errichteten, halboffenen Hülle umschlossen. Insgesamt umfasst der rund 9 Meter hohe und bis zu 18,5 Meter breite Neubau nur den Chorraum der früheren Kirche. Im Eingangsbereich des Grundstückes nimmt ein einfaches hölzernes Läutegerüst deren gerettete Glocken auf. Sie werden jetzt von Hand geläutet.

Unter dem neuen Altar wurde die Altarmensa der alten Versöhnungskirche ausgelegt. Daneben fand ein Vortragekreuz des armenischen Künstlers Chavarsh Khachatryan Aufstellung. Der geradezu archaisch anmutende Raum bietet gut 80 Personen Platz. Damit nimmt die neue Kapelle auch Rücksicht auf sinkende Gemeindegliederzahlen und Finanzmittel. Ihr Baustoff – Lehm – ist ebenso ökologisch verträglich wie der Verzicht auf eine Heizungsanlage.

Mit dem Mauerbau 1961 wurde die Bernauer Straße in Berlin zum eindrücklichen wie schmerzhaften Symbol der deutschen Teilung. Die Mauer trennte die Straße in ihrer Länge, die Grenze zwischen Ost und West verlief direkt entlang der Häuserfronten an ihrer Südseite. Unvergessen sind die Bilder von Menschen, die damals versuchten, aus diesen Häusern auf den in West-Berlin gelegenen Bürgersteig zu fliehen. Manche sprangen dabei in den Tod. Dann wurden die Fenster vermauert, später die Häuser abgebrochen. An ihre Stelle trat ein massives Sperrsystem. Stehen blieb nur die Versöhnungskirche. Im Zweiten Weltkrieg stark beschädigt, war ihr 1894 eingeweihter Bau bis 1950 wiederhergestellt worden. Doch stand er nun im Ostsektor, während sich die Gemeinde größtenteils im Westteil der Stadt befand. Mit dem Mauerbau geriet die Kirche gar mitten in die Sperranlagen und war fortan unzugänglich. Ihre weltweit beachtete Sprengung im Januar 1985 führte schließlich auch zu ihrer Beseitigung.

1989 fiel mit der Wende auch die Mauer in der Bernauer Straße. Dabei konnte ein Teil der Sperranlagen allerdings erhalten und nachfolgend als Gedenkstätte gestaltet werden. Die Versöhnungsgemeinde dagegen erhielt ihr Kirchengrundstück zurück – mit der Auflage, es wieder gottesdienstlich zu nutzen. Das führte zu dem Entschluss, hier einen Neubau zu errichten. Dabei entstand ein höchst spannungsvoller Kapellenbau, der an die Geschichte des Ortes gemahnt und ein Zeichen der Versöhnung zwischen Ost und West setzen will. Doch wurde die Kapelle der Versöhnung auch neuer Gemeindemittelpunkt. Denn die Gemeinde stellte ihr 1965 im Westteil der Stadt, schräg gegenüber der alten Kirche, errichtetes Gemeindezentrum als Dokumentationszentrum zur Mauergeschichte zur Verfügung. Das so entstandene Gedenkstättenensemble bildet die Grundlage der Versöhnungsarbeit, der sich die Gemeinde heute verschrieben hat.

Durch eine verglaste Öffnung im Dach wird der in Stampflehm ausgeführte Innenbau von oben belichtet. Dem unter Federführung des österreichischen Lehmbauers Martin Rauch verarbeiteten Baumaterial wurde Ziegelsplitt der zerstörten Kirche beigemengt. Ebenso fertigte man auch den neuen Altarblock der Kapelle aus Stampflehm. Der Außenbau besteht aus einem Umgang, der von Holzlamellen eingefasst wird. In der Art eines Wandelganges überdacht und doch durchlüftet, dient er der Erschließung des Gebäudes als Foyer und Gemeinderaum. Gleichzeitig überspannt sein Dach auch den Kernbau der Kapelle und verbindet so beide Gebäudeteile.

STANDORT: Witzlebenstraße 27–29, Berlin-Charlottenburg
PLANUNGS- UND BAUZEIT: 1998 – 2002
ARCHITEKTEN: Heike Büttner, Claus Neumann, George Braun, Berlin
BAULEITUNG: eins bis neun Bauplanungsgesellschaft mbH, Berlin
TRAGWERK: GSE Ingenieur-Gesellschaft mbH Saar, Enseleit und Partner, Berlin
KÜNSTLER: Guy Charlier, Trier; Jo Achermann, Berlin; Joan Waltemath, New York
BAUHERR: Katholische Kirchengemeinde St. Canisius, Berlin
KONFESSION: römisch-katholisch
WEB: www.st.canisius-berlin.de

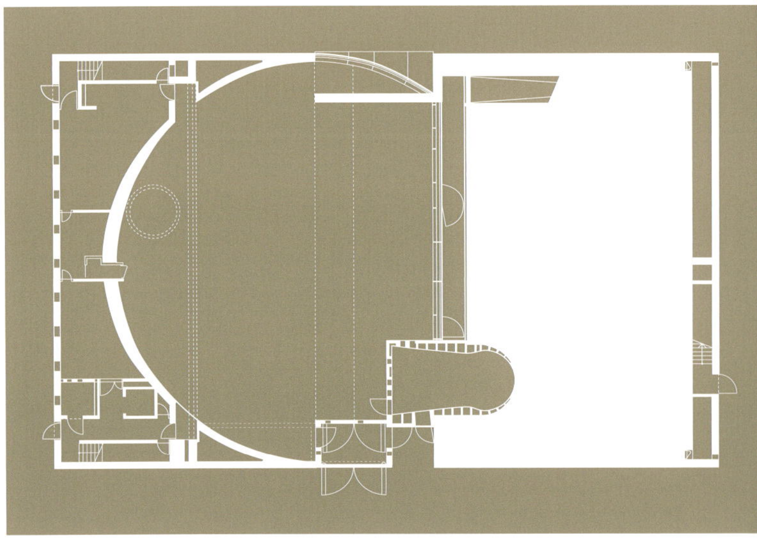

ST. CANISIUS, BERLIN-CHARLC

Ich freue mich und bin fröhlich über deine Güte, dass du mein Elend ansiehst. Du stellst meine Füße auf weiten Raum.

Psalm 31,8.9

ENBURG

Der helle Kirchenraum von St. Canisius ist in seiner Architektur von Kreis- und Rechteckformen durchdrungen, seine variable Bestuhlung bietet vielfältige Möglichkeiten für Gottesdienst und Feier. Die liturgischen Orte finden sich über den gesamten Raum verteilt. Im Zentrum steht der Altar aus hellem Kalkstein, er betont die Ausrichtung des Raumes nach Osten.

In der Seitenansicht wird links die indirekte Lichtführung hinter der Altarwand erkennbar. Jenseits der Altarzone geht der Blick nach Süden über die Taufe in den „Offenen Raum". Rechts neben dem Fenster schließt sich die Marienkapelle an.
Aus Lärchenholz gefertigt, dient die Marienkapelle stillem Gebet oder Beten in kleiner Gruppe. Hier fand eine 1943 geschnitzte Mondsichelmadonna Aufstellung, die die Zerstörung der Vorgängerbauten von St. Canisius 1943 und 1995 überdauerte.

Die Geschichte von St. Canisius in Berlin-Charlottenburg beginnt mit der Gründung eines von Jesuiten geleiteten Seelsorgebezirks im Jahre 1921. Erster Kirchenraum war eine Kapelle, die man 1924 in einem ehemaligen Holzwerkstattgebäude an der Witzlebenstraße, nahe dem Lietzensee, einrichtete. Diese wurde im Zweiten Weltkrieg zerstört. 1955 konnte dann eine neue Pfarrkirche eingeweiht werden, deren markanter, bald über Berlin hinaus bekannter Bau von Reinhard Hofbauer geplant worden war. Ihm gaben die weit gespannten Parabelbögen des Kirchenschiffes ein unverwechselbares Aussehen.

Mit dem Mauerbau 1961 wurde St. Canisius bis zur Wende 1989 zentrale Kirche für die Westberliner Katholiken. Zündeln von Jugendlichen führte dann Ende April 1995 zu einem Großbrand, in dessen Verlauf das Kirchenschiff vollständig zerstört wurde. Bald darauf wurde aber ein Realisierungswettbewerb zum Bau einer neuen Kirche ausgelobt. Die anschließenden Verhandlungen zur Umsetzung des favorisierten Entwurfes scheiterten jedoch. Schließlich kam es zu einer völlig neuen Planung mit den dritten Preisträgern. So konnte im April 2000 endlich mit dem Neubau begonnen werden, der dann im Juni 2002 eingeweiht wurde.

Es entstand ein Betonbau aus zwei ineinandergreifenden Kuben, von denen der nördliche als Kirchenraum geschlossen, der südliche aber offen wie ein großer Rahmen ausgebildet wurde. Das Innere beider Teile wird geprägt von einem Durchdringen und Ineinanderschneiden von Kreis- und Rechteckformen. Zentrales Element ist ein Kreis, der Kirchenraum und „Offenen Raum" durchläuft. Jenseits dieses Kreises wurden im nördlichen Gebäudeteil verschiedene Funktionsräume wie Sakristei, Beichtzimmer und ein Kinder-

Der „Offene Raum" mit seiner dem Hauptaltar ähnlichen Skulptur ist nur vom Kirchenraum aus zugänglich. Er gewährt an der in ihn einschneidenden Marienkapelle vorbei freien Durchblick nach Westen auf den schlichten neuen Glockenturm mit vier Glocken seines Vorgängerbaus. Das Kirchengebäude wurde in einem sehr hellen Sichtbeton erstellt. Sein rechteckiger Baukörper gliedert sich in zwei Hauptbauteile: Kirchenraum und „Offener Raum". Die elf Meter hohen Portaltüren aus Lärchenholz werden zu besonderen Festtagen oder Feiern geöffnet.

gruppenraum angeordnet. Darüber liegen vier weitere Stockwerke mit Lagerräumen, Sanitäranlagen, Garderoben, Haustechnik und Zugang zu der Dachterrasse mit Ausblick zum Lietzensee. Das Dach wurde in seiner Hauptfläche als extensives Gründach ausgebildet.

Die Ausstattung der Kirche ist sparsam. Einige Bildwerke fallen jedoch auf: So wurde insbesondere an der Nordwand des Kirchenraumes der Christuskorpus von Gerhard Schreiter aus der alten Kirche wieder angebracht. Zum ökumenischen Kirchentag 2003 wurde das Bild „Golden Field" von Winfried Muthesius erworben und hinter dem Altar aufgehängt. Künstler entwarfen auch Altar, Tabernakel, Kalksteinstelen und die Steinskulptur im „Offenen Raum" (Guy Charlier) sowie Ambo, Taufschale, Weihwasserbecken, Leuchter und bewegliche Bänke (Jo Achermann).

Künstlerisch gestaltet wurde schließlich auch der Außenbau. Auf den ersten Blick präsentiert sich dieser scharfkantig und glatt, unterbrochen nur durch wenige große Glasfassaden, schmale längliche Fenster und Lichtschlitze, die hölzernen Portaltüren und die in den „Offenen Raum" hineinragende, hölzerne Marienkapelle. Doch sind die Außenwände optisch rhythmisiert. So gliedern waagerechte Arbeitsfugen den Bau. Außerdem wurden um die regelmäßig angeordneten Ankerlöcher der Betonschalung längliche Vertiefungen ausgebildet. Dadurch sind kleine Kreuze entstanden, die wie die runden Ankerlöcher teilweise mit Metallplättchen überdeckt wurden. Dies war eine Idee der Künstlerin Joan Waltemath, die damit der hellen Sichtbetonfassade je nach Lichtverhältnissen eine besondere Lebendigkeit verlieh.

STANDORT: Sticksfeld 6,8,10,12/Thie 8, Hannover-Kronsberg
BAUZEIT: 1998 – 2000
ARCHITEKT: Bernhard Hirche, Hamburg
KÜNSTLER: Jochem Poensgen, Soest; Ulrich Rückriem, Clonegal/Irland
BAUHERREN: Ev.-Luth. Stadtkirchenverband Hannover und Gesellschaft für Bauen und Wohnen Hannover mbH (GBH)
KONFESSION: evangelisch-lutherisch
WEB: www.kirchekronsberg.de

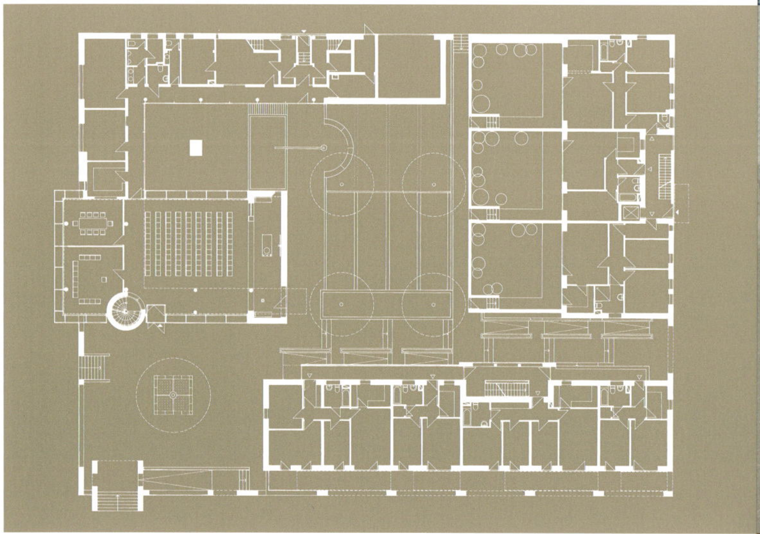

EV. KIRCHENZENTRUM, HANNO

Ihr seid das Licht der Welt.
Es kann die Stadt,
die auf einem Berge liegt,
nicht verborgen sein.

Matthäus 5,14

R-KRONSBERG

Der Kirchenraum des neuen Evangelischen Kirchenzentrums in Hannover-Kronsberg zeigt strenge geometrische Formen und eine starke Ästhetisierung. Nicht nur der Bau, auch die Ausstattung einschließlich Altar und Kreuz wurde vom Architekten entworfen. Die computergenerierte Farbkomposition des Glasfensters entwickelte der Glaskünstler Jochem Poensgen.

Der Stadtteil Kronsberg im Südosten der niedersächsischen Landeshauptstadt Hannover entstand zur EXPO 2000 als ein nach besonderen ökologischen, städtebaulichen und sozialen Maßstäben errichtetes Neubaugebiet. Auch weil er verkehrsgünstig mit einer neuen Stadtbahnstrecke erschlossen wurde, die ihn mit der Innenstadt und dem Messegelände verbindet, haben sich hier mittlerweile gut 6000 Einwohner angesiedelt. Nahe der zentralen Stadtbahnstation entstand mit dem Sozialen und Kulturellen Stadtteilzentrum „KroKuS" ein Stadtteilmittelpunkt. In dessen direkter Nachbarschaft wurde ein evangelisches Kirchenzentrum für den neuen Stadtteil geplant, das im Sinne einer Nutzungsmischung neben kirchlichen Räumen auch Behinderten-, Sozial- und Eigentumswohnungen enthalten sollte.

Den Auftrag zu dessen Realisierung erhielt nach umfangreichem Planungsvorlauf der Hamburger Architekt Bernhard Hirche. Dieser suchte die verschiedenartigen Nutzungsvorgaben und -bedürfnisse in Grundriss und Form nach Art einer Klosteranlage zu verbinden. So entstand innerhalb eines städtebaulich vorgegebenen Areals ein umfangreicher Baukomplex mit Kirchenraum, Gemeindezentrum und Wohnanlagen. Der eigentliche Kirchenbau wurde dabei in streng dem Kubus verpflichteten Formen entwickelt. Drei Seiten sind vom Boden bis zur Decke verglast, außen vorgehängte Gitterroste filtern jedoch den Lichteinfall und schirmen zugleich den Raum ab. Dennoch bleiben Aus- und Einblicke möglich, zum Beispiel in den nordöstlichen Innenhof mit Wasserfläche und einer Steinstele von Ulrich Rückriem. Die flexible Bestuhlung erlaubt vielfältige Nutzungsmöglichkeiten, auch kann der Kirchenraum durch Zuschaltung von Gemeinderäumen in Erd- und Obergeschoss erweitert werden. Von der jungen Gemeinde im Stadtteil wird der Raum denn auch vielgestaltig genutzt, vor allem, mit innovativen Gottesdienstangeboten zu besonderen Zeiten, Themen und Anlässen sowie mit verschiedenen gesellschaftlichen Gruppen.

Der Innenbereich des Kirchenzentrums zeigt eine vielgestaltig ausgeformte Anlage mit Treppen, Gängen, Räumen und Höfen. In der Bildmitte ragt die Südostwand des eigentlichen Kirchenbaus auf, in dem seit 2005 auch eine Evangelisch-freikirchliche Gemeinde ihre Gottesdienste feiert.
Der Gesamtkomplex wird außen von einer umlaufend gleich hohen, aber unterschiedlich durchbrochenen Betonwand eingefasst, die die einzelnen Baukörper von Kirche, Gemeinderäumen, Pastorat und Küsterwohnung, Eigentums- und Sozialwohnungen einbindet.
Die Außenmauern der Baukörper innerhalb der hohen Betonumfassung wurden, mit Ausnahme des Kirchenbaus, mit einer farbig gestalteten Thermohaut versehen. Pastorat und Küsterwohnung erscheinen so in blauem, die Eigentumswohnungen in gelbem und die Sozialwohnungen in rotem Gewand.

STANDORT: Veltins-Arena, Kurt-Schumacher-Straße 284a, Gelsenkirchen
PLANUNGS- UND BAUZEIT: 2000 – 2001
KÜNSTLER: Alexander Jokisch, Asbach/Westerwald
ARCHITEKTEN STADION: HPP Hentrich Petschnigg & Partner, Düsseldorf
BAUHERR STADION: FC Schalke 04-Stadion-Beteiligungsgesellschaft mbH & Co. Immobilienverwaltungs-KG
KONFESSION: römisch-katholisch und evangelisch
WEB: www.veltins-arena.de/portrait_arenakapelle.php

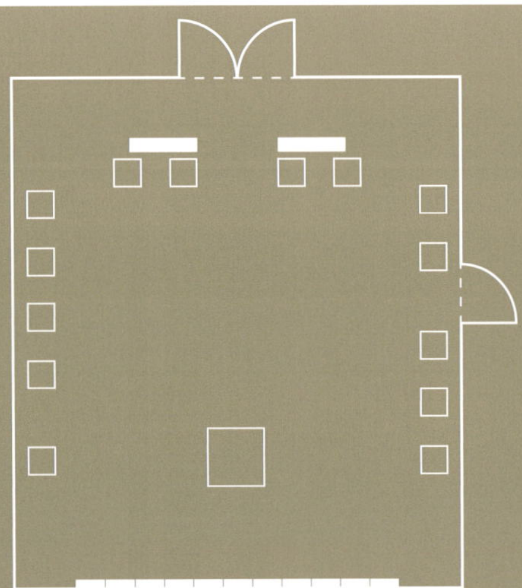

ARENAKAPELLE AUF SCHALKE

Wisst ihr nicht, dass die, die in der Kampfbahn laufen, die laufen alle, aber einer empfängt den Siegespreis? Lauft so, dass ihr ihn erlangt.

1. Korinther 9,24

ELSENKIRCHEN

Die Kapelle der Veltins-Arena liegt im zweiten Untergeschoss des Stadionbaus. In ihrem Eingangsbereich ordnete Alexander Jokisch zwei Wandscheiben im Sinne eines geteilten Kreuzes an – als bewusste Abgrenzung zu den benachbarten Verkehrsbereichen des Stadions. Die Stirnseite des Raumes gestaltete er als räumliches Zentrum mit elf Bildtafeln, Altar- und Tauftisch.

Die elf Bildtafeln an der Altarwand entwickeln sich von hell nach dunkel in sich tangierenden, kreuzenden, überschneidenden weißen und schwarzen Linien und Strichen. In ihrer Ungegenständlichkeit bieten sie vielfältige Interpretationsmöglichkeiten. Der Künstler selbst sucht, wie er auf einer Texttafel beschreibt, auf abstrakte Weise „die Arena, die Schlacht, das Spiel, die Entscheidung".
Die Gestaltung der Kapelle bezog auch den ihr vorgelagerten offenen Vorraum in der Mixed-Zone, dem Bereich, in dem sich Spieler und Presse begegnen, ein. So wurden an dessen Seitenwänden zwei große Bildtafeln zum Thema Zweikampf angebracht. Durch die große verglaste Türöffnung fällt dann der Blick in den Kapellenraum durch das „Kreuztor" hindurch bis zum Altar und den Bildtafeln an der Stirnwand.

Mit dem Segen von Papst Johannes Paul II. wurde im August 2001 die Kapelle der Arena „Auf Schalke" in Gelsenkirchen eingeweiht. Damit war der FC Schalke 04 der erste deutsche Fußballverein, der über eine eigene, ökumenisch verantwortete Kapelle innerhalb seines Stadions verfügte. Der mit päpstlichem Segen ausgestattete Raum – Papst Johannes Paul II. war seit 1987 Ehrenmitglied des Revier-Traditionsclubs – entstand auf Initiative des Vereinsvorstands. Von vorneherein sollte er von beiden großen christlichen Konfessionen genutzt werden, für seine Gestaltung wurde hohes Niveau gefordert. Entsprechend schrieb die Stadionbeteiligungsgesellschaft einen Künstlerwettbewerb aus. Dabei sollte das besondere Umfeld berücksichtigt werden, doch sollte christlicher Glaube nicht vom Fußball oder gar vom Verein Schalke 04 vereinnahmt erscheinen.

Der Sieger des Wettbewerbs, Alexander Jokisch, gestaltete dann den hierfür vorgesehenen, nur 8 x 8 x 3 Meter großen Raum im zweiten Untergeschoss des neuen Stadions. Dieses ist ein Multifunktionsbau für fast 62 000 Zuschauer, es dient nicht nur für Fußballspiele, sondern auch für andere Veranstaltungen, zum Beispiel Konzerte. Technische Attraktionen der Arena sind das innerhalb von 30 Minuten schließbare Dach und die ausfahrbare Rasenfläche. Demgegenüber mutet die Stadionkapelle, eingerichtet in einem Raum ohne Tageslicht, bescheiden an – doch keinesfalls weniger eindrücklich. Gelegen im Bereich der Mixed-Zone, gegenüber den Spielerkabinen und in der Achse des Spielerzugangs zum Spielfeld, wird der Raum von einer Bildwelt geprägt, die sich auf Schwarz und Weiß beschränkt. Altar- und Tauftisch wurden hingegen in nahezu transparenter Konstruktion erstellt, die mobilen Sitzhocker sind neutral gehalten.

Die Kapelle des mittlerweile in Veltins-Arena umbenannten Stadions erfreut sich großer Beliebtheit. Dies zeigen zahlreiche Taufen, Trauungen und Gottesdienste.

STANDORT: Klosterberg 11, Meschede
BAUZEIT: 1999 – 2001
ARCHITEKT: Peter Kulka, Köln/Dresden, mit Konstantin Pichler
MITARBEITER: Werner Gronmayer
BAULEITUNG: Hans Hennecke, Meschede
TRAGWERK: Dieter Glöckner, Düsseldorf
BAUHERR: Abtei Königsmünster, Meschede
KONFESSION: römisch-katholisch
WEB: www.hausderstille.info

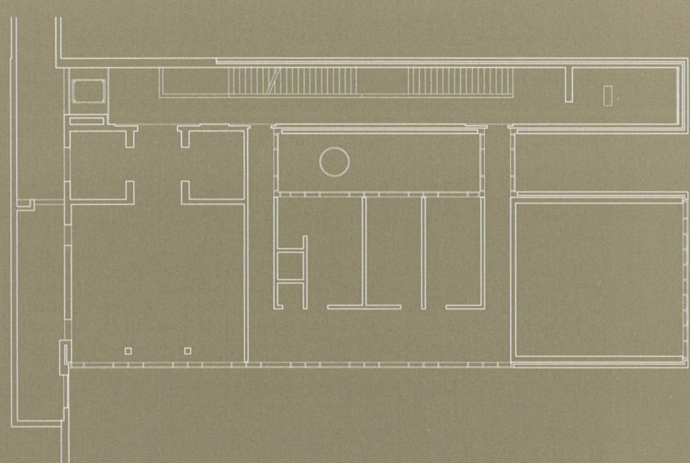

HAUS DER STILLE, MESCHEDE

Gott, man lobt dich in der Stille zu Zion, und dir hält man Gelübde. Du erhörst Gebet; darum kommt alles Fleisch zu dir.

Psalm 65,2.3

Am Hang unterhalb der mächtigen Abteikirche entstand das neue „Haus der Stille“ der Benediktinerabtei Königsmünster. Hinter der Glasfront an der Südseite des zweiteiligen Betonbaus liegt – auf dessen unterster Ebene – der zweigeschossige Mehrzweckraum. Die in den Hang hineinlaufende Westseite zeigt oben Gästezimmer, darunter liegend Refektorium und „Kreuzgang“.

Das Haus der Stille gliedert sich in zwei parallel angeordnete, längsrechteckige, unterschiedlich breite Bauteile. Sie trennt eine drei Meter breite Längsfuge. Die Verbindung zwischen dem links im Bild erkennbaren größeren „Seins-Haus“ mit Gemeinschaftsräumen, Büros und Gästezimmern und dem rechts zu sehenden schmaleren „Wege-Haus“ mit Treppenhaus und Kapelle schaffen vier auf verschiedenen Ebenen eingefügte, verglaste Brücken.
Aus der Fuge zwischen den beiden Bauteilen blickt man nach Süden in das Sauerland.

Völlig schmucklos präsentiert sich die am Treppenhaus gelegene Kapelle. In den hohen längsrechteckigen Raum fällt das Licht indirekt von oben.

Das Treppenhaus führt tief hinunter in die beiden unteren Ebenen mit Kreuzgang, Refektorium, Büro und Sprechzimmern und schließlich zum Mehrzweckraum. Die raumhohen Scheiben des in perfekter Schlichtheit gestalteten Refektoriums geben den Blick nach draußen in die schräg abfallenden Apfelwiesen frei.

Im Jahre 1928 erhielten Benediktiner der Abtei St. Ottilien (westlich von München) auf dem heutigen Klosterberg über der Stadt Meschede Gelände für eine Klostergründung, mit der Vorgabe, die städtische Schule zu übernehmen. Der erste Bauabschnitt des neuen Klosters Königsmünster konnte 1934 bezogen werden. In der NS-Zeit wurde der weitere Aufbau jedoch unterbrochen und das Kloster aufgehoben. Nach dem Krieg wurde es wieder von Mönchen besiedelt und im Jahre 1956 zur Abtei erhoben. Zugleich entstanden nun eine Reihe weiterer Klosterbauten, Schulgebäude und vor allem die 1964 nach Plänen von Hans Schilling fertiggestellte Abteikirche. Ihre liturgisch innovative Gestaltung steigerte bald den Bekanntheitsgrad der jungen Abtei. Immer mehr Besucher kamen, ein Gäste- und Exerzitienhaus wurde notwendig, neben Schule und Mission wurde die Jugendarbeit zur dritten Hauptaufgabe der heute 60 Brüder zählenden Gemeinschaft. Im Jahre 1981 konnte das Jugendgästehaus „Oase" eröffnet werden. Im Jahre 2001 kam als jüngste Einrichtung das Haus der Stille hinzu.

Der auffällige zweiteilige Sichtbetonbau unterhalb der Abteikirche ist das kleinste Gebäude der Klosteranlage. Er dient als Ort des Rückzugs für Mönche wie für zahlende Gäste, will Kloster auf Zeit sein für ein oder zwei Wochen intensiver Einkehr – mit Kursen, Meditation oder nur der Erfahrung der eigenen Existenz, fernab von der Welt draußen. So können Einzelgäste am Leben der Gemeinschaft teilnehmen, nach Absprache sind Gespräche und geistliche Begleitung möglich. Wer ins Haus der Stille kommt, kann aber auch kaum anders, als in sich hineinzuhören. Die 20 Gästezimmer sind kaum mehr als Zellen: nackter Parkettboden, kahle Wände, ein Tisch, ein Bett, ein Stuhl. Es bleibt nur der Blick durchs Fenster über die Berge des Sauerlands, es gibt weder Radio noch Fernsehen, Telefon oder Minibar. So kann der Gast hier ganz zu sich selbst kommen, durch Schweigen und Konzentration auf das Wesentliche – und Verzicht auf alles Überflüssige. Ganz im gleichen Sinn ist auch der Bau in glattem Sichtbeton von einer geradezu kompromisslosen Kargheit und Askese in Form und Material geprägt.

STANDORT: Kloster Volkenroda, Körner-Volkenroda
BAUZEIT: Hannover 1999 – 2000, Volkenroda 2001
ARCHITEKTEN: Meinhard von Gerkan, Hamburg, und Joachim Zais, Braunschweig – gmp-Architekten von Gerkan, Marg und Partner, Hamburg
TRAGWERK: Ingenieurbüro Dr. Binnewies, Hamburg
KÜNSTLER: Hella Santarossa, Berlin (Marienfenster Hannover); Andreas Felger, Gnadenthal (Kabinette Volkenroda)
BAUHERREN: Evangelisch-Lutherische Landeskirchen Hannover und Thüringen, Deutsche Bischofskonferenz, Expo 2000, Jesus-Bruderschaft e. V. Gnadenthal
KONFESSION: römisch-katholisch und evangelisch-lutherisch
WEB: www.kloster-volkenroda.de

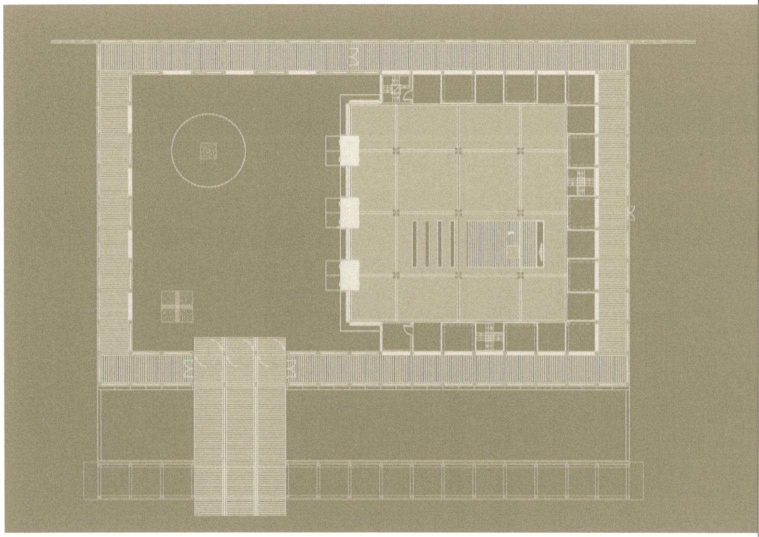

CHRISTUS-PAVILLON, KLOSTER

Jesus Christus spricht: Es werden nicht alle, die zu mir sagen: Herr, Herr!, in das Himmelreich kommen, sondern die den Willen tun meines Vaters im Himmel.

Matthäus 7,21

OLKENRODA/THÜRINGEN

Der Christus-Pavillon der EXPO 2000 in Hannover stellt den vielleicht bekanntesten der jüngst in Deutschland errichteten Kirchenbauten dar. In seiner Schlichtheit und Klarheit beeindruckte er viele Besucher der EXPO. Nach deren Ende wurde er ins thüringische Volkenroda überführt. Hier fällt der Blick aus dem Hauptraum in den umlaufenden Kreuzgang.

Der quadratische Christus-Raum ist das Herzstück der Anlage. Seine Hülle aus transluzenten Platten sorgt für ein besonderes Licht. Es handelt sich um eine zweischichtige Haut aus einer außen liegenden Glasplatte, die innen mit Marmor beklebt wurde.
Das schlichte Altarkreuz, ergänzt durch einen Christus-Torso des 11. Jahrhunderts aus dem Kölner Schnütgen-Museum, war nur während der EXPO im Raum aufgestellt.

Unweit von Mühlhausen in Thüringen entstand ab 1131 das Zisterzienserkloster Volkenroda. Mit seiner mächtigen romanischen Kirche wurde es bald zu einem der reichsten und angesehensten Klöster Thüringens. Während des Bauernkrieges wurde die Anlage 1525 verwüstet. Davon sollte sie sich nicht mehr erholen: Im Jahre 1540 wurde das Kloster aufgelöst. Nachfolgend wurde es herzogliche Domäne, die Kirche evangelische Pfarrkirche.

In den folgenden Jahrhunderten verfiel die Anlage immer mehr. 1968 musste die Kirche, seit der Reformation mehrfach verändert und verkleinert, schließlich wegen Baufälligkeit geschlossen werden. Auch das umliegende Dorf wurde zu DDR-Zeiten vernachlässigt. Nach der Wende jedoch begannen, initiiert von Einwohnern aus dem Ort und der Region, Sicherungsmaßnahmen, die für die Klosterkirche 1994 abgeschlossen werden konnten. Zu dieser Zeit entschloss sich die ökumenisch orientierte Jesus-Bruderschaft Gnadenthal, das Kloster wiederzubeleben – als geistlich-kommunitären Ort, für Bildungsarbeit mit Jugendlichen, als Arbeits- und Ausbildungsort, mit ökologischer Landwirtschaft.

Die Krypta unter dem Christus-Raum wurde von einem romanischen Taufstein und einer byzantinischen Christus-Ikone – beide stammen aus dem 12. Jahrhundert und sind Leihgaben aus Berliner Museen – geprägt. Sie hatte während der EXPO eine besondere Anziehungskraft und wurde nicht nach Volkenroda überführt.
Die Gefache des stählernen Kreuzgangs wurden, bezogen auf das Thema der EXPO „Mensch – Natur – Technik“, mit Materialien wie Kohle, Mohnkapseln, Zahnrädern, Feuerzeugen, Zahnbürsten und Ähnlichem gefüllt.

In Volkenroda bildet der Christus-Pavillon den südlichen Abschluss der wiederaufgebauten Klosteranlage. Damit ergibt sich nun ein spannungsvoller Dialog zwischen Alt und Neu: vom erhaltenen Chor- und Querhaus der Klosterkirche bis zum Pavillon aus Stahl, Glas und Marmor, der in seinen Funktionen das nicht mehr vorhandene Langhaus der Kirche ersetzt. Die ihm vorgelagerte Wasserfläche deutet den Innenhof des einstigen Kreuzgangs an.

Damit kam neues Leben in das Dorf mit seinen etwa 200 Einwohnern, es entstanden Arbeitsplätze, der gesamte Ort wurde saniert. 1996 bat die Bruderschaft das evangelische Kloster Loccum, einst Tochtergründung Volkenrodas, sie bei der Suche nach Sponsoren für den Wiederaufbau der Klosteranlage zu unterstützen. Diese Bitte traf mitten in die Diskussion um den Beitrag der Kirchen zur EXPO 2000. Daraus entstand der Plan, für die EXPO einen Pavillon zu errichten, der anschließend in Volkenroda weitergenutzt werden sollte.

Der dann nach einem Wettbewerbsentwurf der Architekten Meinhard von Gerkan und Joachim Zais realisierte Bau ist einer Klosteranlage nachempfunden. Anders als bei einem historischen Kloster wird er jedoch insgesamt von einem Kreuzgang umschlossen. Der innere Bereich besteht aus einem Veranstaltungs- und Erschließungshof und dem Kirchenraum. Hinzu kamen Kolonnade, Wasserbecken, Brücke, Kreuzturm, Krypta und neun Ausstellungskabinette. In seinen Hauptteilen anschließend nach Volkenroda überführt, dient der Pavillon dort heute für vielfältige gottesdienstliche und kulturelle Veranstaltungen.

STANDORT: Borstraße 11, Radebeul
PLANUNGS- UND BAUZEIT: 1998 – 2001
ARCHITEKTEN: Günter Behnisch und Gerald Staib, Stuttgart
MITARBEITER: Christoph Kimmich, Ingmar Menzer, Effi Schneider. Unter Mitwirkung von Christian Kandzia
BAULEITUNG: Eva Höhle, Marion Hörenz, Ingmar Menzer
TRAGWERK: Fischer & Friedrich, Stuttgart
KÜNSTLER: Sabine Staib, Stuttgart; Reiner Tischendorf, Dresden
BAUHERR: Katholisches Pfarramt Christus König, Radebeul
KONFESSION: römisch-katholisch
WEB: www.christuskoenigradebeul.de

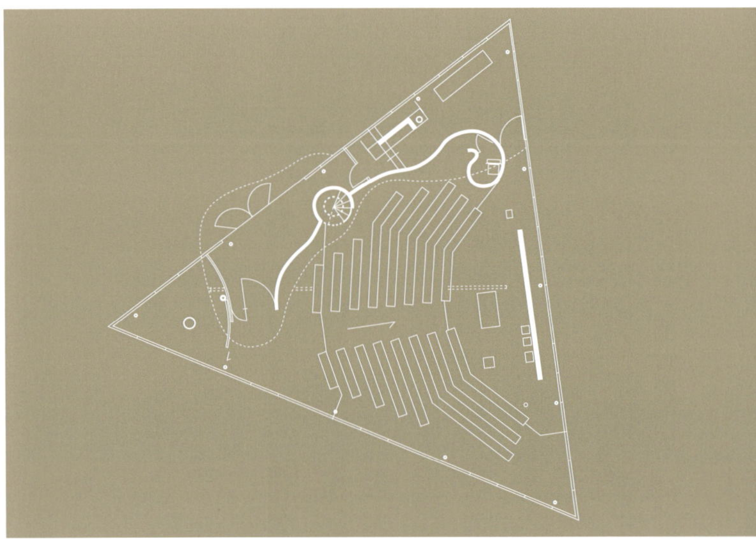

CHRISTUS KÖNIG, RADEBEUL

Jesus Christus spricht:
Kommt her zu mir, alle, die ihr mühselig und beladen seid; ich will euch erquicken.

Matthäus 11,28

Von hoher Transparenz und Lichtdurchlässigkeit sowie eindrücklichem Farbenspiel geprägt ist die neue katholische Kirche Christus König in Radebeul. Die dreieckige, zentralräumliche Grundrissform wird im Innenraum überlagert von einer klar auf die Altarzone bezogenen Ausrichtung in festen Bankreihen. Zu dieser hin fällt auch der roh belassene Estrichboden leicht ab.

Die geschwungene Empore mit ihrem kurvenförmig verlaufenden Geländer hebt sich deutlich von der kantigen Geometrie des Baukörpers und seiner Einrichtung ab. Die den gesamten Bau einfassenden Stahl/Glas-Wände wurden mit transparenten und intransparenten Scheiben ausgeführt. Ein Teil der Fensteröffnungen wurde – nach einem Entwurf von Sabine Staib – mit farbigen Gläsern gefüllt. Je nach Lichtverhältnissen und -stimmungen sorgen diese für ein abwechslungsreiches Licht- und Farbenspiel im Kircheninneren.

Radebeul, im Elbtal oberhalb von Dresden gelegen, ist überregional vor allem als Wohnort des Schriftstellers Karl May bekannt. Berühmt sind aber auch die Weinhänge der Stadt. Ihre heutige Form erhielt sie durch Ortszusammenschlüsse in der „Lößnitz" genannten Gegend in den ersten Jahrzehnten des 20. Jahrhunderts. Die Lößnitz war in der Reformation evangelisch geworden. Erst mit Ansteigen der Bevölkerung im 19. und 20. Jahrhundert bildete sich hier ab 1925 wieder eine katholische Gemeinde. Diese erwarb 1927 eine Villa in der Borstraße, in der sie nachfolgend das Pfarrhaus und eine Kapelle einrichtete. Die Erstellung eines eigenständigen Kirchenbaus in der vor allem nach dem Zweiten Weltkrieg stark gewachsenen Gemeinde gelang jedoch erst nach der Wende, die erneut Zuzug von Gemeindegliedern auslöste.

Von der schmalen Borstraße aus nimmt man den hinter einer Natursteinmauer liegenden Neubau mit seiner Stahl/Glas-Fassade kaum als Kirchengebäude wahr. Durch ein Tor gelangt der Besuchende dann in eine großzügige, gepflasterte Hofanlage. Hier ergibt sich ein interessanter Kontrast zwischen dem nun linker

An der in Sichtbeton ausgeführten Altarwand entlang schweift der Blick hinüber zur geschwungenen Empore. An der Decke zieht sich vom Altar zur Taufkapelle ein goldfarbener Streifen durch den Raum. Ganz in blaues Licht gehüllt zeigt sich der intime Beichtraum. Die ihn umschließende Wand windet sich wie eine Schlange hinter der Empore entlang. Äußerlich wirkt der gläserne Neubau leicht und schnörkellos, auch der Eingangsbereich ist sehr zurückhaltend gestaltet.

Hand stehenden Glasbau und dem alten Pfarrhaus, das in den letzten Jahren zum Gemeindezentrum um- und ausgebaut wurde. Auch jetzt erkennt der unbefangene Beobachter den auf dem Grundriss eines gleichseitigen Dreiecks errichteten neuen Baukörper nicht unbedingt als Kirche. Einzig ein Schild am Gartentor und diverse Aushänge weisen darauf hin – und nach dem Eintreten durch die schlichte Portalzone die im Eingangsbereich aufgereihten Gesangbücher.

Ein paar Schritte weiter empfängt den Besucher ein lichtdurchfluteter Kirchenraum. Zur Linken wird dieser von einer wellenförmig geschwungenen Sichtbetonwand begleitet, die den Versammlungsraum gegenüber der Eingangszone abschirmt. In die Sichtbetonwand, über der sich die ebenfalls gekurvte Empore erstreckt, sind eine Wendeltreppe (als Aufgang zur Empore) und der von ihr fast vollständig umschlossene Beichtraum einbezogen. Die liturgische Einrichtung des Kirchenraums mit Altar, Tabernakel, Ambo, Leuchtern und der in der südlichen Dreiecksspitze angeordneten Taufe gestaltete der Dresdener Künstler Reiner Tischendorf.

STANDORT: Döbraberg-/Schneebergstraße, Köln-Blumenberg
PLANUNGS- UND BAUZEIT: 1991 – 2003
ARCHITEKTEN: Heinz (†) und Nikolaus Bienefeld, Swisttal-Odendorf
TEAM: Eva Nawracala, Willi Nawracala, Daniel Volske, Albrecht Croy und andere
TRAGWERK: Osenberg + Mertens, Köln
BAUHERR: Katholische Kirchengemeinde St. Marien, Köln-Blumenberg
KONFESSION: römisch-katholisch
WEB: www.pfarrverband-awb.de

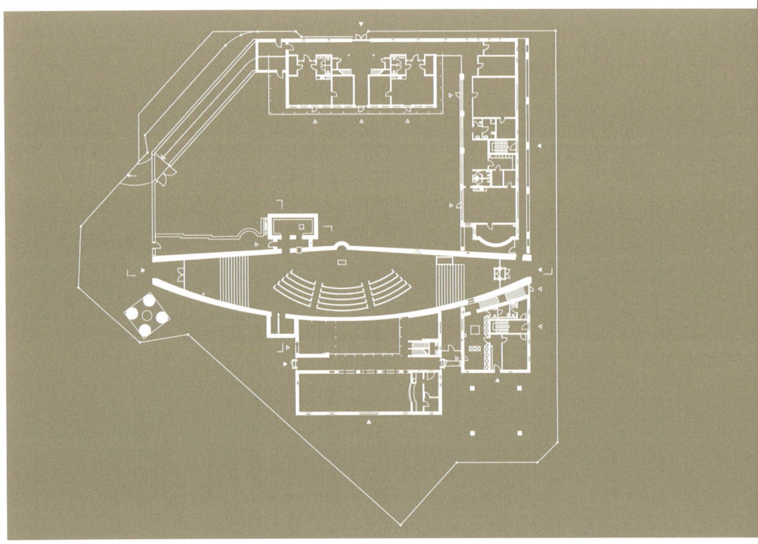

ST. KATHARINA VON SIENA, KÖ

Mache dich auf, werde licht;
denn dein Licht kommt,
und die Herrlichkeit des Herrn
geht auf über dir!

Jesaja 60,1

-BLUMENBERG

Der in die Mitte des neuen Pfarrzentrums in Blumenberg eingestellte Kirchenbau fasziniert durch außergewöhnliche Gestalt und Gestaltung. So erinnert das rund 60 Meter breite Kirchenschiff in seiner Form an eine Banane. Ebenso markant wirken die Schichtungen des aus Beton gegossenen Baukörpers. Die Färbung entstand vor allem durch verschiedenfarbige Steinzugaben.

Der abgesenkte Boden und das erhöhte pagodenförmige Dach in der Mitte der Kirche bewirken im Zusammenspiel mit dem quer zur Längsachse des Grundrisses gestellten Altarraum, dass trotz der großen Ausmaße ein intimer Bereich entsteht. In diesem versammelt sich die Gemeinde im Halbkreis um die Altarzone.
Im Detail gut zu erkennen ist der „gespitzelte" Beton.

Im Inneren der Kirche spiegelt sich wider, mit welchen Materialien hier gebaut wurde: So setzte man das Tabernakel in ein Geflecht aus Baustahlmatten. Parallel zum Innenausbau der Kirche entstand der Turm, durch den das Pfarrzentrum weithin sichtbar ist. Die farbigen Betonwände kennzeichnen das quer durch den Baukomplex verlaufende Kirchenschiff auch deutlich nach außen. Dabei bildet es eine Spange zwischen zwei Straßen, seine Zugänge wurden an der Bug- und Heckseite ausgebildet.

Blumenberg ist der jüngste Stadtteil im Kölner Stadtbezirk Chorweiler, gelegen auf historischem Baugrund im linksrheinischen Kölner Norden. Erste Planungen für ein neues Stadtquartier wurden bereits Mitte der 50er-Jahre angestellt. Seit den 80er-Jahren entsteht dieses nun auf einer zuvor landwirtschaftlich genutzten Fläche. Fast 6000 Menschen leben hier mittlerweile. Der junge Stadtteil wartet insbesondere mit einer Ökoreihenhaussiedlung auf, die sowohl bei der Wasserversorgung wie auch bei der Bauweise versucht, ökologische Ansätze einzubeziehen. Doch Blumenberg hat auch noch weitere Vorzüge, zum Beispiel gute Einkaufsmöglichkeiten und eine gute Infrastruktur. Schnell ist von hier die Kölner Innenstadt zu erreichen. Gleichzeitig kann man die Naturnähe des neuen Stadtteils genießen. So liegt zum Beispiel die Erholungsanlage des Fühlinger Sees ganz in der Nähe.

Bereits im Jahr 1991 wurde unter renommierten Baumeistern ein Architekturwettbewerb zum Neubau eines katholischen Pfarrzentrums im neuen Stadtteil durchgeführt. Daraus ging Heinz Bienefeld als Sieger hervor. Die nachfolgende Planung geriet jedoch mit dessen Tod Mitte der 90er-Jahre ins Stocken. Schließlich führte sein Sohn Nikolaus das Werk fort und plante das Zentrum weiter, zu dem neben der Kirche auch ein Kindergarten samt Spielfläche im Innenhof, Pfarrbüro, Pfarrsaal, Dienstwohnung, Mietwohnungen und Praxen sowie Tiefgarage gehören. 2001 wurden die Bauarbei-

ten aufgenommen, und Ende 2003 wurde die Kirche geweiht. Die junge Gemeinde hatte sich unterdessen über mehrere Jahre in einer provisorischen Notkirche versammelt.

Ihr neuer Kirchenbau zeichnet sich durch eine außergewöhnliche Architektur aus, mit manchen bemerkenswerten Details. So wurden die Betonmauern innen wie außen „gespitzelt". Dabei werden die im Beton zugegebenen Steine wie Quarze und Granitkiesel durch Aufmeißeln gebrochen. Hierdurch können die teils kristallähnlichen Farben ohne Zementschleier wirken. Zusammen mit dem Boden ergeben sie zwölf Schichten. Diese sollen an die zwölf Grundsteine der Mauern Jerusalems in der Offenbarung erinnern.

STANDORT: A3 Köln – Frankfurt, Tank- und Rastanlage Medenbach-West
PLANUNGS- UND BAUZEIT: 1998 – 2001
ARCHITEKT: Hans Waechter, Mühltal
TEAM: Sibylle Waechter, Felix Waechter, Klaus Witzel, Silke Rossbach, Peter Stiebahl
TRAGWERK: Krebs und Kiefer GmbH, Darmstadt
KÜNSTLER: Nikolaus Gerhart, München; Johannes Schreiter, Langen
BAUHERR: Evangelische Kirchengemeinde Medenbach
KONFESSION: evangelisch
WEB: www.autobahnkirche-medenbach.de

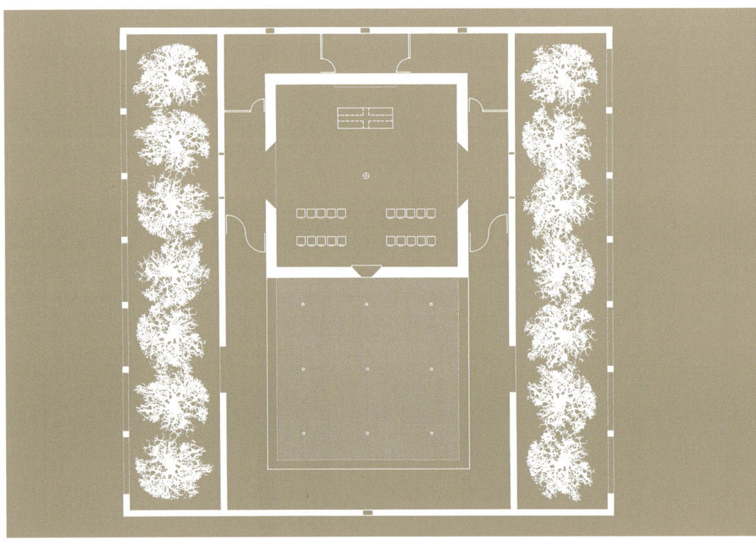

AUTOBAHNKIRCHE MEDENBAC

Erforsche mich, Gott, und erkenne mein Herz; prüfe mich und erkenne, wie ich's meine.

Psalm 139,23

Der neun mal neun Meter große Innenraum der Autobahnkirche in Medenbach kann von Norden wie von Süden her betreten werden. In seinem Zentrum steht ein Kerzenleuchter. Der Altar von Nikolaus Gerhart wird durch einen kreuzförmig durchbohrten Granitquader gebildet. Die an der Altarwand angebrachten Kunststeinplatten zeichnen in ihrer Anordnung ebenfalls eine Kreuzform.

Der Kirchenraum wird über das steil aufragende, im 45°-Winkel geneigte Glasdach beleuchtet. Farbenspiele und Lichtstimmungen des Himmels sind so aktiv in das Raumerleben einbezogen. Das Glasdach wurde von Johannes Schreiter künstlerisch gestaltet. In Blautönen gehalten, lässt es dem Betrachter viel Raum für die eigene, freie Interpretation. Eine schmale Fensteröffnung in der Wand ermöglicht den Blick in das außen angrenzende Atrium.

Das quadratische Atrium wird von einem gedeckten Umgang eingefasst, dessen Außenmauern die Besucher von den Geräuschen der Autobahn und der Rastanlage abschirmen. Zudem wird der Außenlärm vom Rauschen der neun im Boden installierten Wassersprudler übertönt.

Das vor dem Gesamtbau aufgestellte Kreuz kennzeichnet diesen als Kirche. Die dahinter aufragende Betonwand schottet das Innere vom Verkehrslärm ab. Aus der Ferne wird hinter Kreuz und Mauer der Blick auf den eigentlichen Kirchenbau mit seinem steilen Glasdach frei.

Während beide große Konfessionen in Deutschland über zurückgehende Gottesdienstbesucherzahlen und Mitgliederschwund klagen, haben sich Autobahnkirchen in den letzten Jahren zu einem „Renner" entwickelt. So verzeichneten die deutschlandweit rund 30 Bauten im Jahre 2005 etwa eine Million Besucherinnen und Besucher. Deutschlands erste Autobahnkirche entstand bereits 1958 bei Adelsried in der Nähe von Augsburg. Seither kamen zuerst einzelne, seit den 90er-Jahren stetig neue Standorte hinzu. Dazu zählen heute ebenso bestehende, nahe einer Autobahn liegende Gemeindekirchen, die in ihrer Funktion erweitert wurden, wie eigens als Autobahnkirchen geplante Neubauten. Grundsätzlich offen ausgerichtet, stehen sie in evangelischer, katholischer, ökumenischer oder auch privater Trägerschaft und Obhut.

Die Kirche an der Tank- und Rastanlage Medenbach-West wurde eigens für ihren Zweck neu erstellt. Der aus dem Rheinischen kommende Autofahrer stößt wenige Kilometer vor dem Wiesbadener Kreuz direkt hinter dem Tankstellengebäude auf den Baukomplex. Die Annäherung an den Kirchenraum geschieht dann über drei Stufen. So durchschreiten die Besucher – von Norden oder Süden her – zunächst eine Arkadenreihe und gelangen in einen lang gestreckten Außenraum mit sieben Bäumen, die quasi ein Baumdach bilden. Schon hier ist der Lärm der nahen Autobahn deutlich abgemildert. Jeweils eine große Öffnung führt dann in ein quadratisches Atrium, das den Reisenden noch weiter von Lärm und Betriebsamkeit abschottet. Durch Glastüren gelangt man endlich in den eigentlichen, stillen inneren Kirchenraum.

Der Gedanke, an diesem Ort einen Kirchenbau zu errichten, existierte schon länger. Die Realisierung ermöglichte aber erst die private Stiftung eines Geschäftsmannes, der auf Reisen die Autobahnkirche in Adelsried aufsuchte. Daraus entstand nach einem Architektenwettbewerb die erste Autobahnkirche Hessens. Sie wurde am 30. März 2001 feierlich eingeweiht und wird von der Evangelischen Kirchengemeinde Medenbach betreut.

STANDORT: Im Sauern 6, Frankfurt am Main, Nieder-Erlenbach
PLANUNGS- UND BAUZEIT: 1996 – 2000
ARCHITEKT: Günter Pfeifer, Freiburg im Breisgau
MITARBEITER: Aisha Amir, Gisela Baurmann, Sabine Rau, Daniel Spies
BAULEITUNG: Hamm + Kowalewsky, Mainz
TRAGWERK: Gustl Lachenmann, Vaihingen an der Enz
BAUHERR: Kath. Kirchengemeinde St. Jakobus und Bruder Konrad, Frankfurt am Main
KONFESSION: römisch-katholisch
WEB: www.st-jakobus-harheim.de

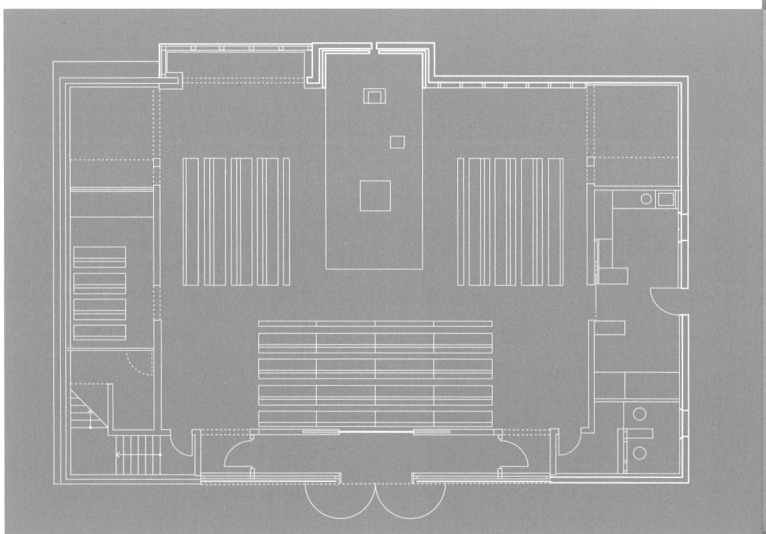

DER GUTE HIRTE, FRANKFURT

Der Herr ist mein Hirte, mir wird nichts mangeln. Er weidet mich auf einer grünen Aue und führet mich zum frischen Wasser.

Psalm 23,1.2

M MAIN, NIEDER-ERLENBACH

Der Kirchenraum des neuen katholischen Gemeindezentrums in Nieder-Erlenbach wird von verschiedenen Raumzonen und -staffelungen geprägt. Sie zeichnen sich durch jeweils individuelle Lichtstimmungen aus. Von der Taufkapelle fällt der Blick über die Ostwand des Hauptraums mit Apsis und Altarinsel zum Tabernakelraum. Entworfen wurde die Innengestaltung samt Einrichtung vom Architekten.

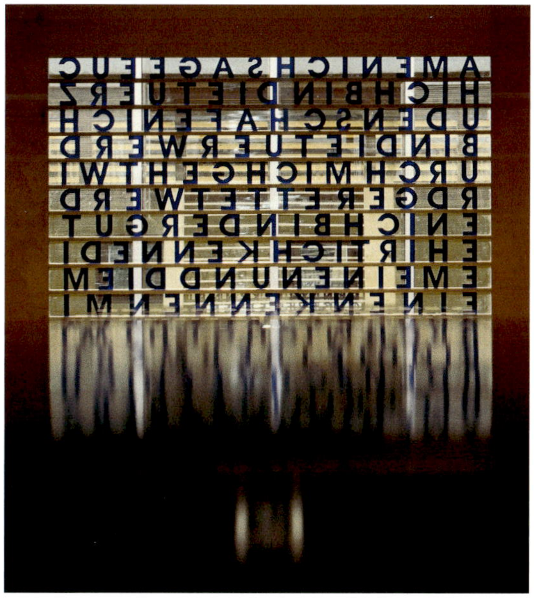

Zur Ostseite wird die Kirche nur durch einen kreuzförmigen Wandausschnitt hinter der Apsis beleuchtet. Der zentral im Raum stehende Altar wurde in Sichtbeton erstellt, seine Abdeckung in rohem Stahl mit eingelegten Salbungssteinen aus Basalt. Aus Beton und Stahl besteht auch der Ambo, Priestersitz und Gestühl fertigte man dagegen aus Multiplexplatten.
Im Eingangsbereich des Kirchenraums zeigt eine großflächig verglaste Schiebetür Auszüge aus Johannes 10 („Ich bin der gute Hirte…") und verweist damit auf das Patronat der Kirche.
Die Lichtstimmung im Kirchenraum wird durch fünf Filter erreicht: Dabei fällt das Licht von Westen her durch Holzlamellen, Industrieverglasung, hölzerne Fachwerkträger, eine Innenverglasung mit senkrechten Sprossen und schließlich ein wellenförmig aufgehängtes Stahlgewebe.

Seit 1972 bildet Nieder-Erlenbach den nördlichsten Stadtteil von Frankfurt am Main. Dennoch konnte der Ort mit seinen fast 4500 Einwohnern bis heute seinen dörflichen Charakter wahren. Landschaftlich der Wetterau zuzurechnen, wird er nach wie vor von landwirtschaftlichen Betrieben und Anwesen Frankfurter Patrizier geprägt. So finden sich hier zweigeschossige Fachwerkhäuser und Hofanlagen unterschiedlicher Größe. Der Neubau einer katholischen Kirche in dem bis zum Zweiten Weltkrieg überwiegend protestantischen Dorf wurde erforderlich, als deren 1962 aus einer Scheune entstandene Vorgängerin baufällig wurde. Zuvor war die Zahl der Katholiken mit dem Zustrom von Flüchtlingen nach 1945 stark angewachsen. Als Filiale der Pfarrei St. Jakobus im benachbarten Harheim zählt die Gemeinde heute rund 1100 Glieder.

Der Neubau wurde am Ortsrand, zwischen Bürgerhaus, Altenwohnanlage und der Auenlandschaft des Erlenbachs errichtet. Diese räumlichen Bezüge aufgreifend, suchte

Unter der Orgelempore liegt die kleine Marienkapelle – mit Sichtbezug zur benachbarten, knapp zehn Meter hohen Taufkapelle. Diese erhält von oben her Tageslicht über den hoch liegenden, nach Süden gerichteten Energiegarten. Der Taufstein wurde in Sichtbeton und Basalt ausgeführt.
Hoch ragt der zur Straßenseite hin lang gestreckte Bau an der Nordwestecke auf. Hinten liegt die Taufkapelle, vorne der Glockenstuhl und dazwischen der Energiegarten. Er unterstützt die Beheizung der Kirche. Im niedrigen Bauteil rechts findet sich schließlich der Jugendbereich.
Von Südosten her zeigt sich ganz links der Gemeindesaal, dann folgt der durch das Zentrum nach Westen führende offene Weg mit dem Eingang zur Sakristei, und endlich ragt ganz rechts die Ostfassade des Kirchenraums auf.

der Architekt zugleich die Identität des Ortes mit seinen Häusern, Höfen und Gassen aufzuspüren und in seine Planung zu übertragen. So entstand ein gehöftartiges Gebilde, bestehend aus drei Hausteilen – mit dem Gemeindesaal im Süden, dem Jugendbereich im Westen und dem Kirchenraum im Osten, getrennt jeweils durch offene Wege. Der Baukörper zeichnet damit ein geschlossenes Geviert, in dem sich Baumassen unterschiedlicher Raumhöhe verschränken. In ziemlich gleichen Teilgrößen bestehen diese aus der Verknüpfung einer selbstständigen Beton- und einer selbstständigen Holzkonstruktion. Beide durchdringen einander – und sind in ihrer Entwicklung außen wie innen erkennbar. Die Wände bestehen aus Holz oder Sichtbeton, ausgeführt mit perfekter Oberfläche und präzisen Kanten. Bis in die Gestaltung der Möbel wurde alles in einfachsten Materialien gehalten. So entstand ein Bau, den Bescheidenheit ebenso wie Qualität kennzeichnen. Dazu passt die ökologische Ausrichtung mit der Anlage eines Energiegartens.

STANDORT: Am Renngraben 2 g, Speyer
BAUZEIT: 2001 2002
ARCHITEKTEN: Hubertus Sander und Linus Hofrichter – sander.hofrichter architekten, Ludwigshafen
TEAM: Birgit Lambertz, Andrea Wegerle, Silke Nicklas, Claudia Kühn
BAUHERR: Protestantische Kirchengemeinde Heilig Geist, vertreten durch die Gesamtkirchengemeinde, Speyer
KONFESSION: evangelisch
WEB: www.evpfalz.de

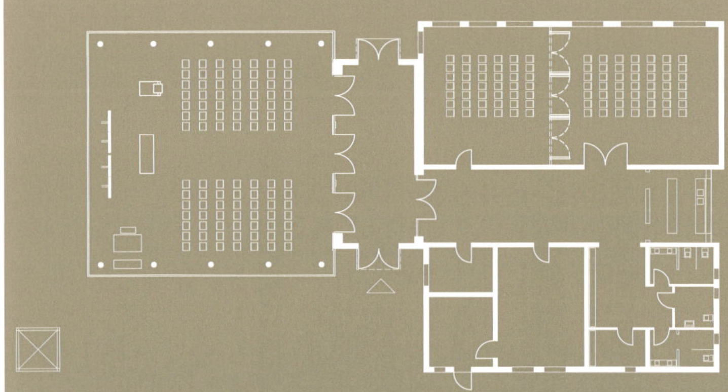

AUFERSTEHUNGSKIRCHE, SPEY

Jesus Christus spricht: Ich bin die Auferstehung und das Leben. Wer an mich glaubt, der wird leben, auch wenn er stirbt.

Johannes 11,25

-NEULAND

In eindrucksvoller Schlichtheit und Transparenz präsentiert sich der Innenraum der neuen Auferstehungskirche in Speyer. Dabei lässt das filternde Profilglas besondere Lichtstimmungen entstehen. Gleichzeitig schottet es den Raum gegenüber der Außenwelt ab. Auch die Einrichtung des Raumes zeugt von Einfachheit und Flexibilität.

Mit drei großen Doppeltüren ist der Übergang vom eher dunklen Eingangsbereich zum lichtdurchfluteten quaderförmigen Kirchenraum großzügig ausgelegt. Das Foyer verbindet gleichzeitig auch den Neubau mit dem bestehenden Gemeindezentrum und dem Gartenbereich.

Von außen wirkt der neue Baukörper leicht und luftig. Das Profilglas ermöglicht den Blick in den Innenraum – allerdings nur in stark gefilterter Form. So kann sich dortiges Geschehen ungestört entfalten und dennoch einladend nach außen hin abzeichnen.

Mitte der 90er-Jahre wurde das Gemeindezentrum der heutigen Auferstehungskirchengemeinde, gelegen am südlichen Stadtrand von Speyer, grundlegend umstrukturiert und gleichzeitig für eine Erweiterung vorgesehen. Dabei war es in frühen Planungen ein Anliegen, auf dem Grundstück eine „richtige" Kirche zu platzieren. Ausgehend von diesem Wunsch der Gemeinde wurde das Konzept für einen Erweiterungsbau entwickelt, der sich nun zwischen dem sanierten Altbau und einem hölzernen Glockenträger erstreckt. Ein niedriger Stahlbeton-Kubus erschließt und verbindet dabei als neues Foyer das bestehende Zentrum, den neuen Kirchenbau und die Gartenanlage. Aus diesem Verteiler, gestaltet in Sichtbeton, gelangt der Besucher dann durch drei große Doppeltüren in eine quaderförmige Glashalle, den eigentlichen Kirchenbau.

Die Außenwände des gläsernen Baukörpers wurden aus Profilglas erstellt, das weithin als Belichtungselement im Industriebau bekannt ist. Es ermöglicht die semitransparente Wirkung der Fassade, die Übergänge und Verbindungen zwischen außen und innen zulässt, aber beide Bereiche auch gegeneinander abschottet. Gleichzeitig bekräftigt das Profilglas den architektonischen Anspruch der Schlichtheit des neuen Baukörpers. Diese Maxime wird auch bei der Innengestaltung durchgehalten. So unterstreichen ein geglätteter Betonboden als Fundament, zehn eingespannte Sichtbetonstützen, eine schlichte weiße Decke mit eingebauter Beleuchtung und die schnörkellosen Elemente der Altarrückwand die architektonische Aussage. Die helle Möblierung, der klare, schlichte Altarraum und das nach oben geöffnete Kreuz der Altarwand stehen denn auch wie der gesamte Kirchenneubau für eine erfrischende Offenheit, Helligkeit und Bescheidenheit, aber nicht Anspruchslosigkeit. So wurde das Projekt auch als Beitrag für die Ausstellung „Deutschlandschaft" des Deutschen Pavillons im Rahmen der 9. Architektur-Biennale 2004 in Venedig ausgewählt.

STANDORT: Kirchfeldallee 3, Regensburg-Burgweinting
PLANUNGS- UND BAUZEIT: 1998 – 2004
ARCHITEKTEN: Ulrich Königs, Ilse Königs – Königs Architekten, Köln
TEAM: Claudia Pannhausen, Thomas Roskothen, Volker Mencke
BAULEITUNG: Ingenieurbüro Siegmüller, Regensburg
TRAGWERK: Arup GmbH, Düsseldorf
KÜNSTLER: Robert M. Weber, Grafing
BAUHERR: Katholische Kirchenstiftung, Regensburg-Burgweinting
KONFESSION: römisch-katholisch
WEB: www.st.franziskus-burgweinting.de

PFARRZENTRUM ST. FRANZISKU

Brich dem Hungrigen dein Brot,
und die im Elend ohne Obdach
sind, führe ins Haus!

Jesaja 58,7

EGENSBURG - BURGWEINTING

Höchst überrascht tritt der Besucher in den Innenraum der neuen Kirche St. Franziskus in Regensburg-Burgweinting ein. Während der Außenbau streng kubischen Formen verpflichtet ist, zeigt das Innere geometrisch schwer erfassbare gekurvte Linien und Einschnitte. Die Helligkeit empfängt der Raum aus einer technisch höchst aufwendigen Dach- und Deckenkonstruktion.

Von der kreisrunden Altarinsel fällt der Blick über das in den Kurven des Raumes mitlaufende Gestühl zur tief eingeschnittenen Orgelempore und der darunter liegenden Erweiterungsfläche mit Durchgang zum Raum der Stille. Den aus Stein und Edelstahl geschaffenen Altar gestaltete – wie die übrigen liturgischen Orte – Robert M. Weber. – Die Lichtstimmung im Kirchenraum wird mittels einer komplexen Dach- und Deckenkonstruktion erzeugt. Dabei wird das Licht aus dem Dachraum über eine transluzente Membran, bestehend aus einem Teflongewebe, das in Bahnen vernäht frei über den ellipsoiden Deckenrand gespannt wurde, in den Innenraum geleitet.

Die durch die unterschiedliche Außen- und Innengeometrie des Bauwerkes entstandenen Zwischenräume wurden für verschiedene Zwecke und Nutzungen erschlossen und ausgebaut: So finden sich zu Seiten des Altarbereichs Marienkapelle und Taufkapelle sowie – die nur von außen zugängliche – Friedhofskapelle. Nach Westen hin wurden in diese Raumvolumina eine Raumerweiterungsfläche, die Orgelempore, der Raum der Stille, die Vorhalle, Sakristeien sowie Chor-, Beicht- und Andachtsraum und Treppenaufgänge eingebracht. Die von Robert M. Weber gestaltete Glastür im Eingangsbereich thematisiert den Sonnengesang des Franziskus.

Anfang 1977 wurde Burgweinting nach Regensburg eingemeindet. Bald darauf begann ein rasantes Wachstum mit der Errichtung eines großen Gewerbegebietes im Osten und der Ausweisung großer Siedlungszonen rund um den alten Ortskern. So wuchs die Bevölkerung in den letzten Jahren auf mittlerweile fast 7000 Einwohner an. Die bestehende katholische Kirche St. Michael – ein Bau, der in Teilen noch aus dem Mittelalter stammt – wurde daher zu klein, die Errichtung eines neuen Zentrums für die seit 1968 existierende Pfarrei im Regensburger Südosten notwendig. Hierzu wurde 1998 ein Wettbewerb ausgeschrieben, den die Kölner Architekten Ulrich und Ilse Königs gewannen. Nach langer Planungs- und Bauzeit erfolgte im Mai 2004 die Weihe der neuen Kirche St. Franziskus.

Die Architekten entwickelten einen Neubau, dessen Grundstruktur sich im Äußeren und Inneren grundsätzlich voneinander unterscheidet. So erscheint der Außenbau in weißgrün geschlämmtem Ziegelmauerwerk streng dem rechten Winkel verpflichtet und zeigt kaum typische Erkennungsmerkmale eines Kirchenbaus. Allein die Nähe zu dem frei stehenden

Unmittelbar am nördlichen Ortseingang von Burgweinting, nahe der Abfahrt der Autobahn Nürnberg-Passau, liegt die neue Pfarrkirche St. Franziskus auf einem leicht erhöhten Plateau. Die Architekten fassten das gesamte Kirchenareal – einschließlich der alten Kirche, des Friedhofs, des neuen Pfarrhauses, des neuen Pfarrheimes und des frei stehenden Glockenturmes – mit einer Mauer ein.
Die Anlage öffnet sich nach Westen mit einem Vorplatz, der von den Nebengebäuden flankiert wird und auf das Hauptportal der Kirche ausgerichtet ist. Im Bild links vor dem Kirchenbau steht das neue Pfarrhaus.

Glockenträger und die wenigen unregelmäßigen Öffnungen in der Fassade lassen den Gebrauch des Bauwerks erahnen. Tritt man dann von Westen durch die Vorhalle und eine niedrige Raumschleuse in das Innere ein, überrascht dieses durch gekurvte Linien, die sich zu einem Rundraum zusammenschließen. Dabei ist der Raum geometrisch nur schwer fassbar. Denn die Wände krümmen sich in wechselnden Radien, neigen sich in unterschiedlichen Winkeln und zeigen tiefe Einschnitte und Nischen. Hinzu kommt ein tageslichtheller, aber diffuser Lichteinfall aus dem den Raum überziehenden Dachausschnitt. Dieser entwickelt sich über einen komplexen Decken- und Dachaufbau. So besteht die Decke aus einer lichtdurchlässigen Membran. Darüber wurde ein nicht sichtbares Sheddach errichtet, das den Baukörper in Querrichtung überdeckt. Dessen Anlage mit mattierten und klaren Glasfeldern, geschlossenen und offenen Vertikalen beziehungsweise Schrägen erzeugt je nach Sonnenstand wechselnde, von der Deckenmembran gefilterte Lichtwirkungen. In den Dachraum integriert wurde auch die Beleuchtungs- und Beschallungsanlage.

STANDORT: Platz der Menschenrechte 1-3, München-Riem
PLANUNGS- UND BAUZEIT: 2000 – 2005
ARCHITEKTEN: Florian Nagler Architekten, München
MITARBEITER: Steffen Bathke, Stefan Lambertz, Günther Möller, Matthias Müller, Thomas Neumann
BAULEITUNG: Hellmut Wollner, München
TRAGWERK: Merz Kaufmann & Partner GmbH, Dornbirn/Österreich
KÜNSTLER: Martin Rauch, Schlins/Österreich, und Hella Santarossa, Berlin (St. Florian); Madeleine Dietz, Landau, und Raimer Jochims, Maintal-Hochstadt (Sophienkirche)
BAUHERREN: Evang.-Luth. Dekanatsbezirk München und Kuratiestiftung St. Florian, vertreten durch das Erzbischöfliche Ordinariat München
KONFESSION: römisch-katholisch und evangelisch-lutherisch
WEB: www.sophienkirche.de und www.sankt-florian.org

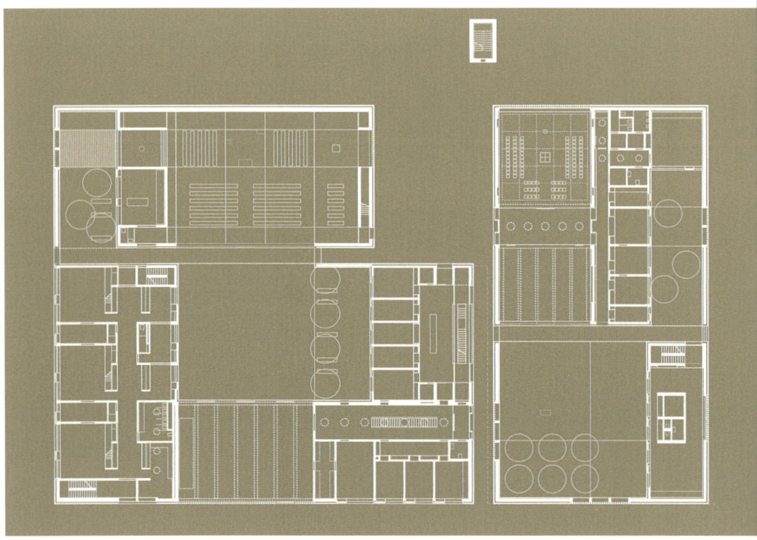

KIRCHENZENTRUM, MÜNCHEN

Siehe, wie fein und lieblich ist's, wenn Brüder einträchtig beieinander wohnen! Es ist wie der Tau, der vom Hermon herabfällt auf die Berge Zions!

Psalm 133,1.3

IEM

Mit seinen weiß geschlämmten Fassaden und dem schlanken Glockenturm hebt sich das neue Kirchenzentrum klar von seiner Umgebung in der „Messestadt Riem“ ab. Im Bild liegt vorn die evangelisch-lutherische Sophienkirche, dahinter die katholische Kirche St. Florian. Die beiden Kirchenräume sind nach außen an ihren erhöhten, dunkel verkleideten Dachabschlüssen erkennbar.

Die zehn Meter hohen Außenwände umschließen den Komplex und verleihen ihm eine einheitliche Außenwirkung. Auf den Innenseiten sind sie in rotem Ziegelmauerwerk belassen. Hier zeigt sich die Anlage als vielschichtiges Gefüge offener wie geschlossener Räume und Nutzungen.

Durch den Gesamtbau führt ein zentraler Gang – zwischen dem auf der Nordseite (hier: rechts) gelegenen evangelisch-lutherischen und dem auf der Südseite (hier: links) angeordneten katholischen Gebäudeteil. Die Wände wurden hier, wie die Außenmauern, weiß gefasst.

Vielgestaltig präsentieren sich die beiden Gemeindebereiche um die katholische Kirche St. Florian und die evangelische Sophienkirche. So spiegeln sich ihre unterschiedlichen Nutzungen in der vielfältigen formalen und räumlichen Anlage der Höfe und Innenräume wider.

Der Münchner Flughafen zog 1992 vom Osten der Stadt in das weit außerhalb liegende Erdinger Moos um. Seither entsteht an seiner Stelle die Messestadt Riem – mit neuem Messegelände, Gewerbebereichen, Landschaftspark und Wohnungen für 16 000 Menschen. Für diese wurde auch ein Kirchenzentrum vorgesehen, bei dem sich Evangelische und Katholische auf einen gemeinsamen Bau einigten. Entsprechend schrieben sie im Jahr 2000 einen Wettbewerb aus, den Florian Nagler für sich entscheiden konnte. Sein Wettbewerbsentwurf mit der Idee, eine kleine Stadt in der Stadt anzulegen, wurde in Beratungen mit Anwohnern und Gemeinden dann noch modifiziert. Schließlich konnte der umfangreiche Gebäudekomplex im Mai 2005 eingeweiht werden.

Das neue Kirchenzentrum ist südlich des zentralen Einkaufsbereiches um den U-Bahnhof „Messestadt-West" gelegen. Es besteht aus zwei konfessionell eigenständig genutzten Teilen mit der evangelischen Sophienkirche und der katholischen Kirche St. Florian. Den Eingang in den Gesamtkomplex bildet ein zum an seiner Westseite liegenden Stadtplatz hin offener Kirchhof. Dieser wird durch den hier aufragenden, beiden Konfessionen dienenden Glockenturm zusätzlich markiert. Von dort aus gelangt man zu den beiden im Inneren gelegenen Gemeindebereichen. Die evangeli-

Das monumentale Auferstehungsfenster der Künstlerin Hella Santarossa beherrscht nicht nur die Altarwand, sondern den Gesamtraum der katholischen Kirche St. Florian. Die liturgischen Orte wurden von Martin Rauch in Kooperation mit dem Architekten aus Stampflehm gestaltet.

Das farbige Kreuz im Gottesdienstraum der Sophienkirche schuf Raimer Jochims, Madeleine Dietz die mobile liturgische Einrichtung aus schwarzem, unbehandeltem Stahl. Der Altar besteht aus vier quadratischen Stahlhohlkörpern, in die gerissene Tonstücke eingelassen sind.

Die inneren Bereiche des Kirchenzentrums zeichnen sich durch Höfe und Gänge, Ein- und Durchblicke, Gärten und Dachterrassen aus. Für die baulichen Anlagen wurden hier überwiegend Baustoffe mit warmen Materialfarben – wie Ziegelmauerwerk und Holzwerkstoffe – verwendet.

sche Gemeinde, im nördlichen Teil angesiedelt, verfügt neben ihrer Kirche über Gemeinderaum, Jugendraum, Mutter-Kind-Raum, Büros, Pfarrwohnung und zwei Innenhöfe. Der würfelförmige Kirchenraum kann mittels flexibler Glaswände bei Bedarf um Foyer und Gemeindesaal bis in einen Innenhof erweitert werden. Seine mobile Ausstattung ermöglicht Gottesdienste in vielfältiger Form und Gestalt. Tageslicht erhält er durch Lamellen in der Außenwand und innen davor gesetzte Lattenwände sowie ein über dem Dachtragwerk aus kreuzweise übereinander geschichteten Hölzern aufgebrachtes Glasdach.

Der nach Süden gelegene größere katholische Bereich umfasst neben seiner Kirche ebenfalls weitere gemeindliche Einrichtungen wie Pfarrhaus, Pfarrheim und Kindergarten. Zum katholischen Kirchenraum, erstellt auf der Grundfläche eines Rechtecks, öffnen sich von einem großen Innenhof aus 14 Glastüren. Der Raum selbst beinhaltet Hauptraum, Werktagskirche und Taufkapelle. Diese gehen offen ineinander über, setzen sich nur durch unterschiedliche Raumhöhen voneinander ab. In die Grundfläche von St. Florian ist ein lateinisches Kreuz eingeschrieben, in dessen Schnittpunkt die Altarinsel angelegt wurde. Vier Bankblöcke sind ihr von drei Seiten her zugeordnet. Raumprägend sind vor allem vier große farbige Glasflächen, die von Hella Santarossa je an den Enden des einbeschriebenen Grundrisskreuzes gestaltet wurden. Dies gilt besonders für das Auferstehungsfenster, dessen Scheiben von 400 in verschiedenen Winkeln angeordneten Acrylglasstäben durchzogen werden, die in wechselndem Tageslicht unterschiedliche Lichtpunkte setzen.

STANDORT: Lachnerstraße 8, München-Neuhausen
PLANUNGS- UND BAUZEIT: 1996 – 2000/02
ARCHITEKTEN: Markus Allmann, Amandus Sattler, Ludwig Wappner, München
KÜNSTLER: Alexander Beleschenko, Swansea/UK; Matthias Wähner, München; M+M (Marc Weis + Martin De Mattia), München; Susanna und Bernhard Lutzenberger, Bad Wörishofen
BAUHERR: Katholische Pfarrkirchenstiftung Herz Jesu, München
KONFESSION: römisch-katholisch
WEB: www.herzjesu-muenchen.de

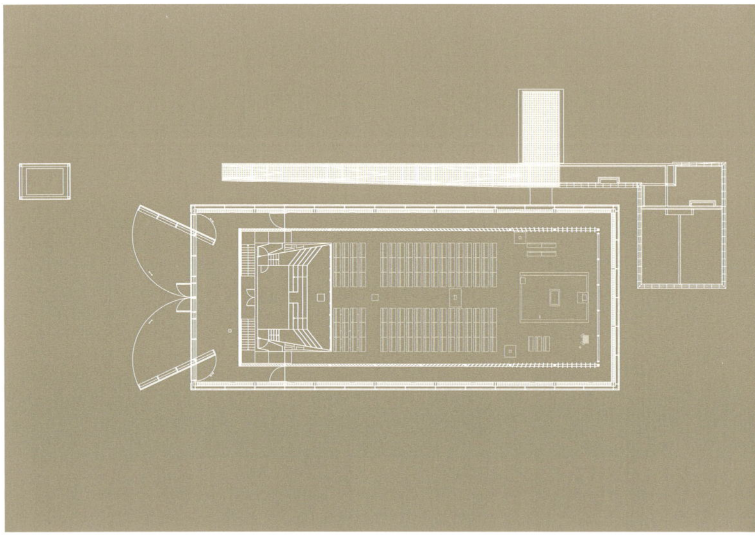

HERZ JESU, MÜNCHEN-NEUHA

Unsere Trübsal, die zeitlich und leicht ist, schafft eine ewige und über alle Maßen gewichtige Herrlichkeit.

2. Korinther 4,17

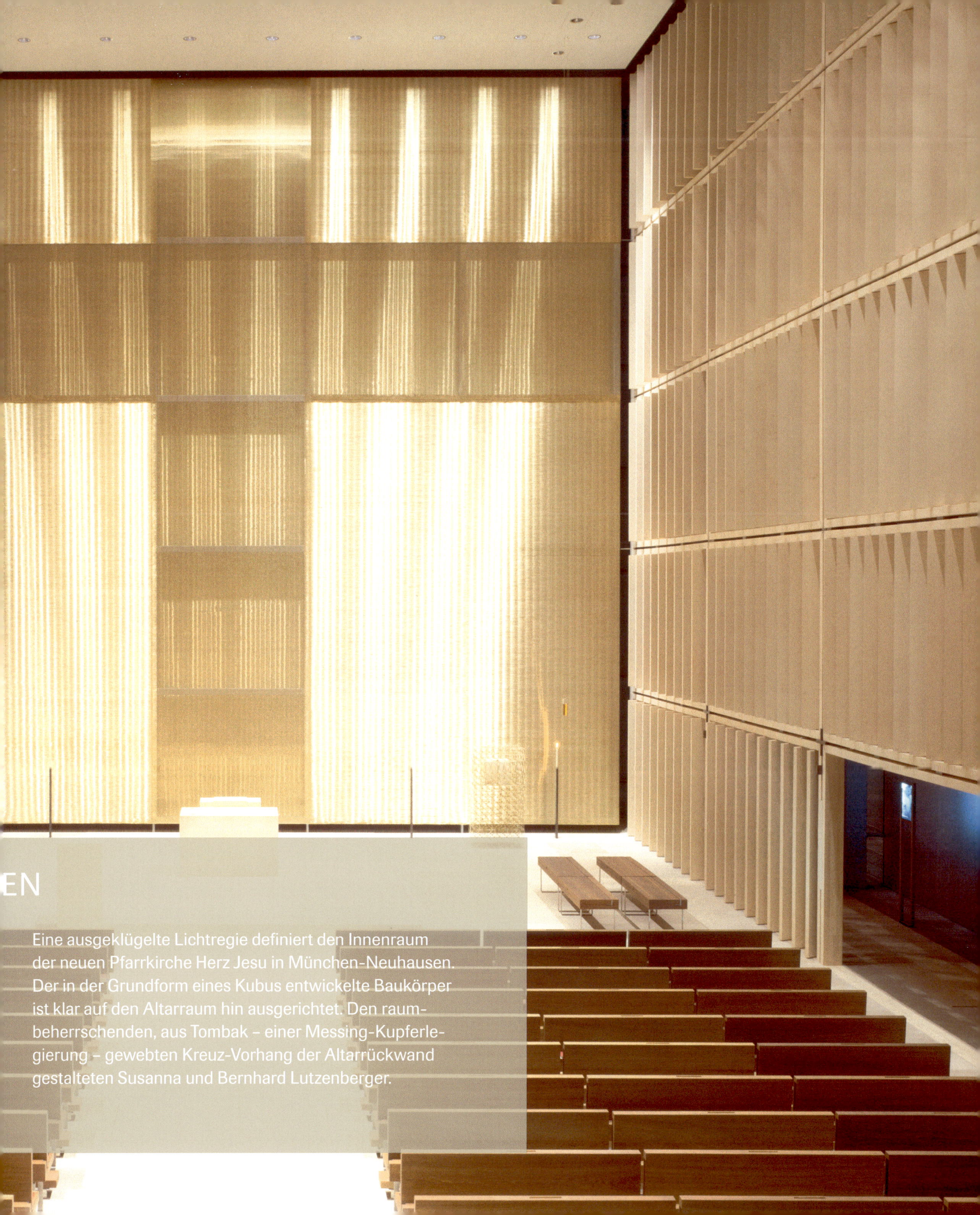

EN

Eine ausgeklügelte Lichtregie definiert den Innenraum der neuen Pfarrkirche Herz Jesu in München-Neuhausen. Der in der Grundform eines Kubus entwickelte Baukörper ist klar auf den Altarraum hin ausgerichtet. Den raumbeherrschenden, aus Tombak – einer Messing-Kupferlegierung – gewebten Kreuz-Vorhang der Altarrückwand gestalteten Susanna und Bernhard Lutzenberger.

Zwischen dem von Holzlamellenwänden eingefassten Innenraum und der gläsernen Außenhülle verläuft ein schmaler Umgang mit 14 Kreuzwegstationen von Matthias Wähner. Schwarz-Weiß-Diapositive zeigen die Orte der Via Dolorosa in heutiger Situation. Lichtdurchflutet und dennoch nach außen abgeschirmt präsentiert sich der Kirchenraum. Über den Taufstein fällt der Blick zur den Raum dominierenden Altarwand. Ihre Metallgewebestruktur wurde so entwickelt, dass das Kreuz je nach Beleuchtung deutlich hervor oder ganz in den Hintergrund tritt.

Die neue Pfarrkirche ist die dritte an diesem Ort in kaum mehr als 100 Jahren. Die erste entstand, als Neuhausens alte Dorfkirche durch Bevölkerungszuzug nicht mehr ausreichte, und wurde 1890 auf Mariä Himmelfahrt geweiht. Für den Bau wurde die Holzkonstruktion der Festhalle des VII. Deutschen Turnerfestes verwendet. 1936 in Herz Jesu umbenannt, wurde die Kirche im Zweiten Weltkrieg zerstört. Bis 1951 wurde eine Nachfolgerin errichtet, wofür man die Hallenkonstruktion des Kinos der SS-Wachmannschaften auf dem Obersalzberg benutzte. Der neue Bau zeigte eine nüchterne Gestalt, hatte aber eine gute Akustik, Grundlage einer beachtlichen Kirchenmusik. 1994 wurde er durch Brand zerstört. In der Folge lobte man einen Wettbewerb aus. Die siegreichen Architekten wurden mit dem Neubau beauftragt, der im Herbst 2000 geweiht werden konnte; der Turm wurde bis 2002 fertig gestellt.

Es entstand ein bewusst lang gezogender Bau, orientiert auch an der kirchenmusikalischen Tradition des Vorgängers. Der kubische Baukörper

Die nach Südosten gerichtete Eingangsfassade kann zu besonderen Anlässen nahezu völlig geöffnet werden. Außen sichtbar wird dann die Vorhalle mit einem Kruzifix von Karl Knappe aus dem Vorgängerbau. Ein niedriger Durchgang führt von hier unter der Orgelempore in den Kirchenraum. Bei geschlossener Front spiegelt sich in den Scheiben der als Campanile errichtete Turm. Von innen zeigen die von Alexander Beleschenko gestalteten Gläser der Eingangsfront in einem Code aus Nägeln verschlüsselte Textpassagen aus der Passionsgeschichte des Johannes.

besteht aus zwei ineinander gestellten Raumhüllen. Die äußere wurde als Stahlskelett mit abgehängter Glasfassade errichtet, die innere aus mit Stahl verstärkten Holzlamellenwänden. Zwischen ihnen entstand ein schmaler Umgang, der sich im Eingangsbereich zur Vorhalle weitet. Die Holzlamellenwände wurden so angelegt, dass sich ihre Flügel zum Altarbereich immer weiter öffnen. Dagegen sind die Scheiben der seitlichen Außenwände zum Altarraum hin immer blickdichter ausgeführt. Damit und durch eine ausgeklügelte Beleuchtung wird das Licht im Inneren der Kirche raumbildender Faktor.

Die liturgischen Orte wurden von den Architekten geplant, der Altar entstand aus Kalkstein wie der Boden innen und außen. Über den Innenraum verteilt findet sich schließlich das Patrozinium des Baus thematisiert. Angeordnet nach einem vom Kreuz abgenommenen, imaginären Korpus, wurden kleine Kammern mit Fenstern in den Boden eingelassen. Blickt man hinein, werden – von Marc Weis und Martin De Mattia gestaltet – die fünf Wunden Jesu sichtbar.

STANDORT: Klinikum Harlaching, Haus B, EG, Sanatoriumsplatz 2, München-Harlaching
PLANUNG UND AUSFÜHRUNG: 1998 – 2000
KÜNSTLER/KONZEPTION: Werner Mally, München
ARCHITEKTIN: Tina Häcker, München
AUFTRAGGEBER: Baureferat der Landeshauptstadt München und Evang.-Luth. Dekanat München
KONFESSION: evangelisch-lutherisch
WEB: www.bayern-evangelisch.de

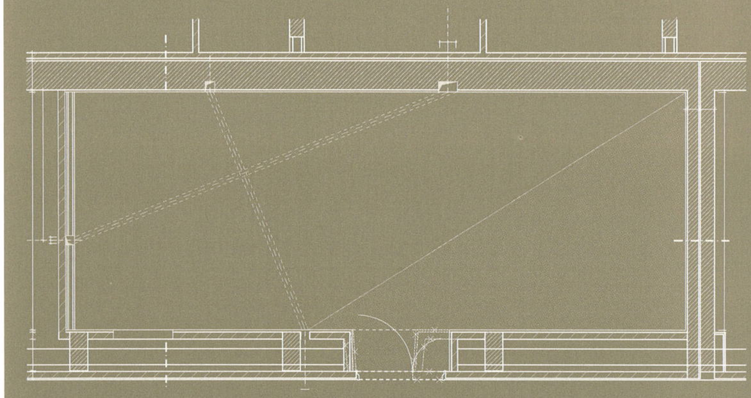

EV. KAPELLE, KLINIKUM MÜNC

Wahrlich, ich sage euch: Was ihr getan habt einem von diesen meinen geringsten Brüdern, das habt ihr mir getan.

Matthäus 25,40

N-HARLACHING

Ein schmaler rechteckiger Raum ohne Fenster, ohne natürliches Licht war Ausgangspunkt für den Tag & NachtRaum, den der Künstler Werner Mally als evangelische Kapelle im Städtischen Krankenhaus München-Harlaching neu gestaltete. Nach seinem Konzept entstand ein eindrücklicher, allein durch Farbe scharf in zwei Bereiche unterteilter Raum in dunklen Blau- und hellen Ockertönen.

Nur Farbe und Licht konstituieren den Raum, den der Besucher durch eine Tür im dunklen Nacht-Bereich betritt. Schreitet er in den hellen Tag-Raum weiter, findet er dort eine zweiteilige Holzskulptur, die bei Andachten auch als Altartisch dient. Sie steht genau unter dem Kreuzungspunkt der Lichtachsen, die den Raum beleuchten. Dessen weitere Einrichtung besteht nur aus hell beziehungsweise dunkel gehaltenen Stühlen und einem Kerzentisch.
Die rund um die Uhr geöffnete Kapelle wird von Kranken, Angehörigen und Klinikpersonal aufgesucht. Wie das ausliegende Mitteilungsbuch zeigt, kommen Menschen aller Konfessionen und Religionen mit ihren Sorgen, Nöten und Schicksalen hierher.

Am südlichen Stadtrand von München liegt das Städtische Krankenhaus, jetzt Klinikum Harlaching. Aus einem 1899 eröffneten Sanatorium hervorgegangen, wurde es ab Ende der 50er-Jahre zum modernen Großkrankenhaus um- und ausgebaut. Zum 100-jährigen Bestehen der Anlage wurde nun die dortige evangelische Kapelle neu gestaltet. Sie liegt im in den 60er-Jahren erstellten Haupthaus (Haus B) des Klinikums. Betritt man dieses durch den Haupteingang, gelangt man vom Foyer schräg rechts hinter der Information in den belebten Hauptgang mit Cafeteria/Kiosk, Bücherei und Beratungsdiensten. Etwa auf der Hälfte des lang gestreckten Flures findet sich linker Hand die Tür zum Kapellenraum.

Dessen Neugestaltung basiert auf einem Wettbewerb, den Werner Mally gewann. Dabei hatte der Künstler das Projekt mit einem fensterlosen Raum zuerst abgelehnt. Dann aber baute er die Räumlichkeit im Atelier nach, zersägte das Modell in Einzelteile – und setzte es wieder zusammen. Dabei entstand der Gedanke, den Raum mittels in Wände und Decke eingelassener Lichtachsen zu beleuchten. Weiter gliederte der Künstler den Raum in zwei Teile – einer vom Boden bis zur Decke in dunklen Blautönen, der andere in hellen Ockertönen gefasst. Zur Beleuchtung des Raumes wurden in Wände und Decke Neonbänder eingebaut, die – mit geätztem Glas abgedeckt – bündig mit dem Verputz schließen.

Die künstlerische, den Raum in Hell/Dunkel teilende Inszenierung kann polarisieren – und soll das auch. Der Künstler war von den Spannungen im Menschen zwischen Hell und Dunkel, Höhen und Tiefen inspiriert. Zugleich lässt er dem Besucher die Freiheit, sich im Raum zu positionieren: Es gibt keine Ausrichtung, der Blick fällt von der Nacht in den Tag – und umgekehrt.

STANDORT: Maria-von-Rudloff-Platz 1, Freiburg-Rieselfeld
PLANUNGS- UND BAUZEIT: 1999 – 2004
ARCHITEKTEN: Johannes Kister, Reinhard Scheithauer, Susanne Gross, Köln/Leipzig
MITARBEITER: Sándor Forgó, Jim Cassidy, Adrian Betz u.a.
TRAGWERK: Wolfgang Naumann & Partner, Köln
BAUHERREN: Evangelische maria-magdalena- und katholische St.-Maria-Magdalena-Gemeinde, Freiburg im Breisgau
KONFESSION: römisch-katholisch und evangelisch

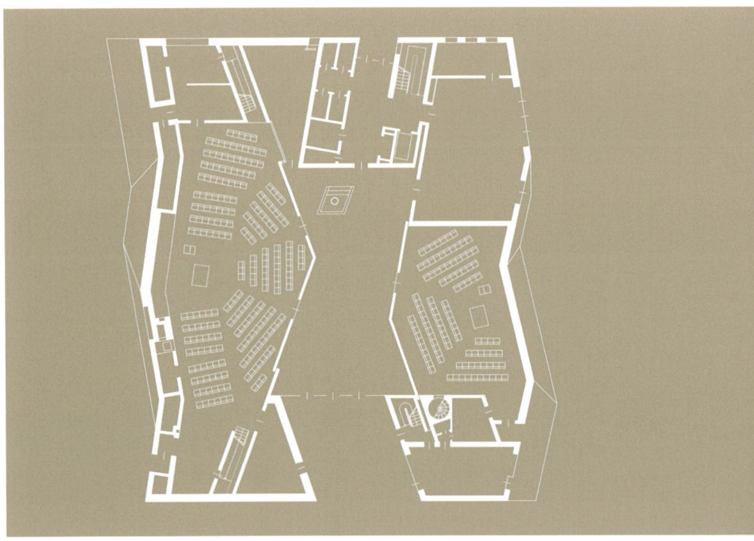

ÖKUMENISCHES KIRCHENZENT

Ich bin das Licht der Welt.
Wer mir nachfolgt, der wird nicht
wandeln in der Finsternis,
sondern wird das
Licht des Lebens haben.

Johannes 8,12

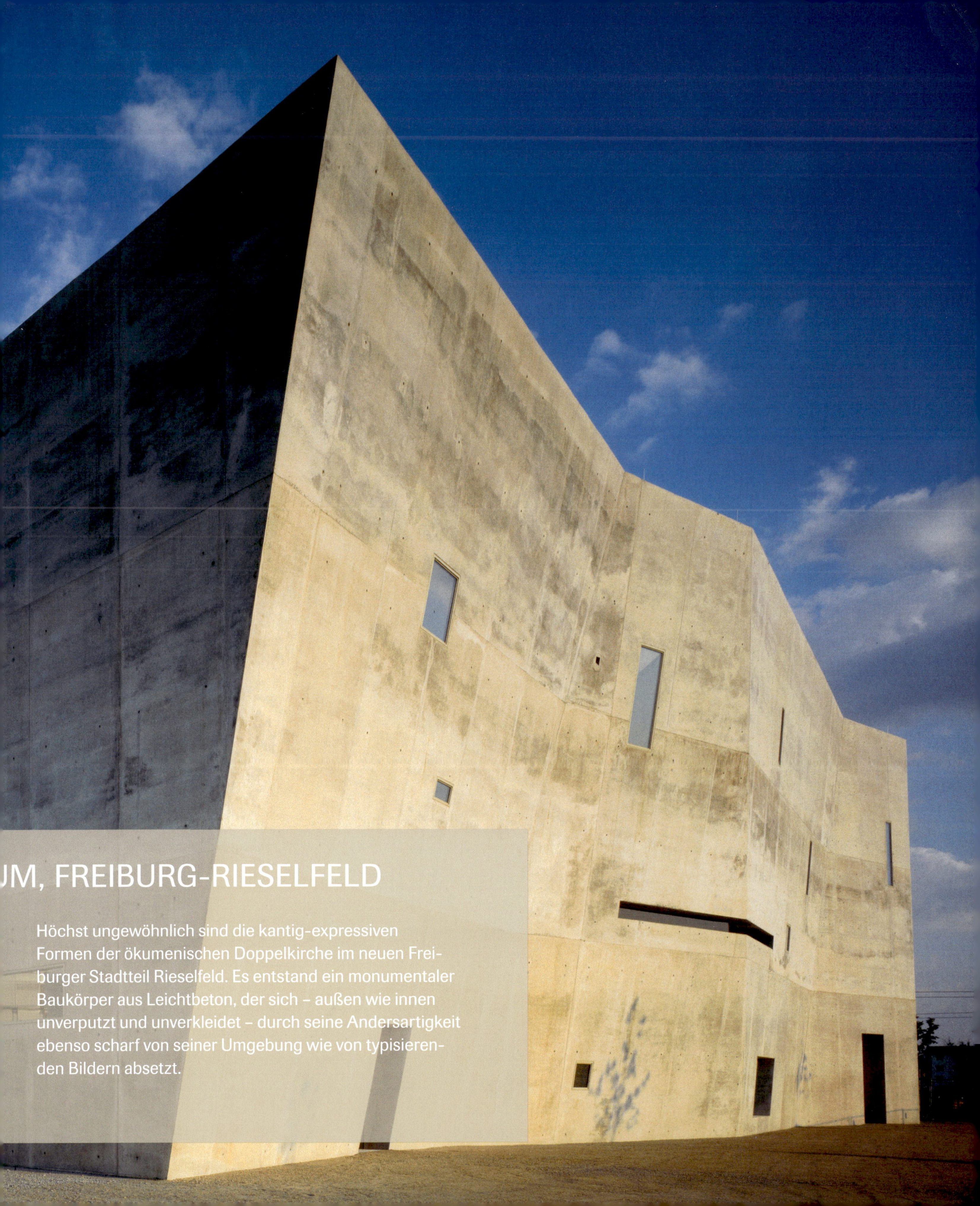

UM, FREIBURG-RIESELFELD

Höchst ungewöhnlich sind die kantig-expressiven Formen der ökumenischen Doppelkirche im neuen Freiburger Stadtteil Rieselfeld. Es entstand ein monumentaler Baukörper aus Leichtbeton, der sich – außen wie innen unverputzt und unverkleidet – durch seine Andersartigkeit ebenso scharf von seiner Umgebung wie von typisierenden Bildern absetzt.

Wenn die acht Meter hohen Schiebewände zur Seite gefahren sind, gleitet der Blick ungehindert vom evangelischen Kirchenraum durch die Mittelhalle mit der Taufe zum katholischen Kirchenraum hinüber. Das Raumensemble ist dann gemeinsam nutzbar.
Ein Lichtband in der etwa 12 Meter hohen Decke führt Tageslicht von oben in den katholischen Kirchenraum.

Der kleinere der beiden Kirchenräume dient der evangelischen Gemeinde. Hier finden um den Altar, der gleich dem im katholischen Kirchenraum gestaltet wurde, bis zu 100 Personen Platz.
Die von den Architekten realisierte Einrichtung der beiden Gottesdiensträume wurde flexibel gehalten und lässt mit der veränderbaren Raumkonfiguration vielfältige Variationen vom Großraum bis in die konfessionell eigenständigen Räume zu. Der katholische Kirchenraum bietet 250 Plätze.

Im Westen der Stadt Freiburg im Breisgau entsteht seit 1995 ein neuer Stadtteil für etwa 10 000 Menschen. Neben viel Grün und Freiraum waren auf dem Rieselfeld von Beginn an auch Flächen vorgesehen für Kindereinrichtungen, Schulen, Geschäfte und Betriebe. Ebenso gab es je ein Grundstück für eine evangelische und eine katholische Kirche. Damit entstand zunächst ein provisorisches konfessionelles Nebeneinander, ehe man sich – auch aus finanziellen Erwägungen – auf die Errichtung eines gemeinsamen Baus einigte. Dem kam die Stadt durch das Angebot eines zentral im Stadtteil gelegenen Grundstücks entgegen. Schließlich folgte ein Wettbewerb, der Ende 1999 entschieden wurde.

Die Architekten entwickelten einen Baukörper, der katholischen und evangelischen Kirchenraum, gemeinsam nutzbare Mittelhalle, Gemeinderäume, Kirchenladen, Pfarrämter und zwei Kapellen – eine davon als Raum der Stille auch separat von außen zugänglich – umfasst. Äußerlich ist der im Juli 2004 eingeweihte Bau auf den ersten Blick kaum als Kirche erkennbar. Fremd- und andersartig wirkt der gewaltige, 15 Meter hohe Betonblock mit seinen geneigten und gefalteten Wänden und den vom schmalen Schlitz bis zum Schaufenster differenziert gestalteten Fensterformen. Einzig ein von Susanne Gross entworfenes stählernes Kreuz an der Eingangswand weist auf die Nutzung hin. Der Haupteingang findet sich mit einem hohen Portal auf der Südseite. Durch dieses gelangt man in die Mittelhalle und an deren Ende zur von beiden Konfessionen gemeinsam genutzten, im Boden eingelassenen Taufe. Zu den Seiten liegen links der katholische, rechts der evangelische Kirchenraum. Mittels vier acht Meter hoher und bis zu 30 Tonnen schwerer Schiebewände aus Beton können sie, von Motoren bewegt, zur Mittelhalle geöffnet und so zum gemeinschaftlichen Feierraum zusammengeschaltet werden. Oberlichter und Wandöffnungen sorgen in dem bewusst karg gehaltenen Raumensemble für eindrückliche Lichtstimmungen.

BILDNACHWEIS

UMSCHLAG/RÜCKTITEL
Ökumenisches Kirchenzentrum Maria Magdalena, Freiburg – Rieselfeld
Fotos: Christian Richters, Münster

VORWORT
S. 1–2: Christian Kandzia, Esslingen
S. 3–4: Christian Richters, Münster
S. 5–6: Jürgen Schmidt, Hamburg
S. 7–8: Stephan Falk, Berlin

ST. CHRISTOPHORUS, WESTERLAND/SYLT
S. 16–19: Stefan Müller, Berlin

GEMEINDEHAUS FESTEBURG, HAMBURG, NEU-ALLERMÖHE
S. 20–25: Oliver Heissner, Hamburg

EINE-WELT-KIRCHE, SCHNEVERDINGEN
S. 26–27: Friedhelm Thomas, Krefeld; Karin Fischer, Brochdorf (kl. Foto)
S. 28–29: Lothar Tabery (links); Andreas Stein, Buxtehude (Mitte); Karin Fischer (rechts)

EV. KIRCHE, BERLIN-WARTENBERG
S. 30–35: Werner Huthmacher, Berlin

KAPELLE DER VERSÖHNUNG, BERLIN
S. 36–37: Christian Jungeblodt, Berlin; Felix Krumbholz, Berlin (kl. Foto)
S. 38–39: Christian Jungeblodt; Bruno Klomfar, Wien (rechts)
S. 40–41: Felix Krumbholz (links); Bruno Klomfar (beide)

ST. CANISIUS, BERLIN-CHARLOTTENBURG
S. 42–43: Stephan Falk, Berlin
S. 44–45: Stephan Falk (links); Stefan Müller, Berlin (rechts)
S. 46–47: Stefan Müller (links); Stephan Falk (rechts)

EV. KIRCHENZENTRUM, HANNOVER-KRONSBERG
S. 48–51: Dorfmüller + Kröger, Hamburg

ARENAKAPELLE AUF SCHALKE, GELSENKIRCHEN
S. 52–53: FC Schalke 04, Veltins-Arena, Gelsenkirchen
S. 54–55: Frank Baquet, Troisdorf

HAUS DER STILLE, MESCHEDE
S. 56–57: Keith Colli, Pluckley
S. 58–59: Keith Colli; Lukas Roth, Köln (rechts)
S. 60–61: Keith Colli (links, rechts); Lukas Roth (Mitte)

CHRISTUS-PAVILLON, KLOSTER VOLKENRODA/THÜRINGEN
S. 62–63: Klaus Frahm, Börnsen
S. 64–65: Jürgen Schmidt, Hamburg (links); Klaus Frahm (rechts)
S. 66–67: Klaus Frahm
S. 68–69: Jürgen Schmidt (links); gmp (rechts)

CHRISTUS KÖNIG, RADEBEUL
S. 70–75: Christian Kandzia, Esslingen

ST. KATHARINA VON SIENA, KÖLN-BLUMENBERG
S. 76–81: Lukas Roth, Köln

AUTOBAHNKIRCHE, MEDENBACH
S. 82–87: Renate Gruber, Darmstadt
S. 87: PR (rechts unten)

DER GUTE HIRTE, FRANKFURT AM MAIN, NIEDER-ERLENBACH
S. 88–93: Francesca Giovanelli, Zürich

AUFERSTEHUNGSKIRCHE, SPEYER-NEULAND
S. 94–97: Philipp Roos, Speyer

PFARRZENTRUM ST. FRANZISKUS, REGENSBURG-BURGWEINTING
S. 98–99: Stefan Müller-Naumann, München
S. 100–101: Stefan Müller-Naumann (links); Christian Richters, Münster (rechts)
S. 102–103: Christian Richters
S. 104–105: Christian Richters (links); Stefan Müller-Naumann (rechts)

KIRCHENZENTRUM MÜNCHEN-RIEM
S. 106–113: Stefan Müller-Naumann, München

HERZ JESU, MÜNCHEN-NEUHAUSEN
S. 114–115: Jens Passoth, Berlin; Florian Holzherr, München (kl. Foto)
S. 116–117: Jens Passoth (links und rechts oben); Florian Holzherr (rechts unten)
S. 118–119: Florian Holzherr (alle links); Jens Passoth (rechts)

EV. KAPELLE, KLINIKUM MÜNCHEN-HARLACHING
S. 120–121: Siegfried Wameser, München
S. 122–123: Siegfried Wameser (links); Markus Dlouhy, München (rechts)

ÖKUMENISCHES KIRCHENZENTRUM, FREIBURG-RIESELFELD
S. 124–129: Christian Richters, Münster

Die Rechte der Zeichnungen liegen bei den jeweiligen Architekten

HERAUSGEBER

MATTHIAS LUDWIG, Jahrgang 1964, Diplomtheologe. Studium: Bauingenieurwesen, Theologie und Kunstgeschichte. Freier Berater für Kirchennutzung, -erhaltung und -gestaltung (www.kirchenbauten.info). Bis Januar 2007 wissenschaftlicher Assistent am Institut für Kirchenbau und kirchliche Kunst der Gegenwart an der Philipps-Universität, Marburg/Lahn.

REINHARD MAWICK, Jahrgang 1966, Theologiestudium in Hamburg und Heidelberg, Ausbildung zum Pfarrer. Ordination 2001. Von 1997–2000 Redakteur beim Deutschen Allgemeinen Sonntagsblatt, seit 2000 Redakteur bei chrismon. Seit 2005 auch Produzent von Büchern und CDs in der edition chrismon.

GRAFIK

ELLINA SCHULZ, Jahrgang 1980, Grafikdesignerin. Studium: Kommunikationsdesign an der Fachhochschule Wiesbaden. Neben und nach ihrem Studium selbstständige Grafikdesignerin. Seit 2006 beim Gemeinschaftswerk der Evangelischen Publizistik in Frankfurt am Main.

IMPRESSUM

Bibliografische Information der Deutschen Bibliothek.
Die Deutsche Bibliothek verzeichnet diese Publikation in der Deutschen National Bibliografie; detaillierte bibliografische Daten sind im Internet abrufbar über: http://dnb.ddb.de

HERAUSGEBER
Matthias Ludwig
Reinhard Mawick

KONZEPTION
Matthias Ludwig
Reinhard Mawick

TEXTE
Matthias Ludwig

UMSCHLAGMOTIV
Christian Richters, München

BILDREDAKTION
Dorothee Hörstgen

GESTALTUNG
Ellina Schulz

DRUCK UND BINDUNG
Druckerei zu Altenburg

Printed in Germany
ISBN 978-3-938704-05-9